A Escritura Psicótica

Marcelo Muniz Freire

A Escritura Psicótica

Companhia de Freud
editora

Editora Campo Matêmico

Editoração Eletrônica
FA - Editoração Eletrônica

Revisão
Sandra Regina Felgueiras

Editores Responsáveis
José Nazar
Luiz Roberto Klaczko

FICHA CATALOGRÁFICA

F866e

Freire, Marcelo Muniz
A escritura psicótica / Marcelo Muniz Freire. – Rio de Janeiro : Companhia de Freud, 2001.

209 p. ; 23 cm

ISBN 85-85717-58-0 (broch.)

Originalmente apresentado como teste do autor (doutorado - Universidade Estadual de Campinas, Instituto de Estudos da Linguagem)
1. Psicolingüística. 2.Freud, Sigmund, 1856-1939. 3.Lacan, Jacques, 1901-1981. 4.Psicoses. 5.Psicanálise. 6.Psicopatologia. I. Título.

CDD - 150.1952

Companhia de Freud
editora

Endereço para Correspondência
Rua Visconde de Pirajá, 577 - Salas 306-307
Cep 22410-003 - Ipanema - Rio de Janeiro
Tel.: (21) 2540-7954 – Telefax: (21) 2239-9492
email: tereza@ism.com.br

AGRADECIMENTOS

A Nina Leite, minha orientadora, por sua competência, sua amabilidade, combinando rigor e sensibilidade. Suas intervenções pontuais foram de grande importância para que se evitassem derrapagens em um trabalho em linhas gerais tão cuidadoso. Que possamos trabalhar juntos muitas vezes mais no futuro!

A Ivan Corrêa, analista, mestre e amigo, pelos inúmeros ensinamentos que dele recebi ao longo dos últimos anos e que me têm sido extremamente importantes nesta tarefa complexa que é a formação de um analista.

Aos meus mestres da Unicamp, professores Cláudia Lemos, Arley Moreno, Rajagopalan, Giacóia, pela formação plural e de alto nível.

Aos colegas do Hospital das Clínicas da UFPE, que me abriram um espaço de trabalho, o qual me tem sido fundamental para o estudo e a clínica das psicoses.

Aos meus colegas da Unicamp, por nossa rica e amigável interação, muito importante para minha formação.

Aos meus familiares, que sempre ajudaram das mais diversas formas. Além do apoio afetivo, no xerox, na compra e no envio de livros e textos, na entrega de material aos membros da banca, etc. Muito obrigado.

“Nascemos para a linguagem nos momentos de estranhamento”

Dany-Robert Dufour, “Os Mistérios da Trindade”

Este livro é dedicado aos meus caros Francisco Henrique e Maria da Conceição Muniz Freire, meus pais.

Resumo

A proposta deste livro é de realizar uma leitura do conceito de psicose, ao longo das obras de Freud e Lacan, explicitando o seu estatuto lógico, dentro dos principais momentos conceituais das elaborações teórico e clínicas dos dois pensadores da psicanálise, bem como analisar as relações entre lingüística e psicanálise, a fim de apreender os modelos lingüísticos que estão em ação nas doutrinas destes psicanalistas e suas conseqüências para o estudo das psicoses. A proposta acima formulada implica o compromisso assumido, neste livro, com o pressuposto de que as psicopatologias psicóticas se configuram, antes de tudo, como distúrbios de linguagem, distúrbios da relação do sujeito com a cadeia significante. A articulação do conceito de psicose em seus diversos estatutos no interior da psicanálise freudiana e lacaniana tem como objetivo não somente a exegese de uma noção teórica importante em tais doutrinas, mas também visa a elaboração das teorias do tratamento psicanalítico das psicoses que se podem depreender dos esforços teóricos de Freud e Lacan.

Apresentação

Propondo realizar uma leitura do conceito de psicose ao longo das obras de Freud e Lacan, Marcelo Muniz Freire acompanha com rigor as vicissitudes deste conceito em Freud e sua renovadora formalização em Lacan, onde as perturbações psicóticas "se configuram como distúrbios da linguagem".

Marcelo segue, com cautela, mas vigorosamente, a trajetória freudiana, expondo suas indagações assim como seus impasses. Mostra que desde o *Projeto de uma psicologia para neurólogos* a linguagem é posta como constitutiva do aparelho psíquico, uma vez que o psiquismo só se organiza a partir de representação de palavra. A relação ao outro está na origem da *Unglauben* paranóica ou descrença radical no outro. O caso Schreber dá a Freud a ocasião de ir mais adiante com o conceito de narcisismo relacionado com a libido homossexual.

Em "Luto e melancolia" são apresentados os aspectos patológicos que a relação amorosa assume quando o enlutado, narcisicamente, incorpora o objeto perdido, não podendo elaborar seu luto. Nos anos vinte, no nível da segunda tópica, o que predomina nas psicoses, segundo Freud, é o conflito entre o eu e a realidade externa, contrariamente às neuroses, em que o conflito se trava entre o eu e o isso.

Após esse exaustivo percurso através da obra de Freud, Marcelo passa ao campo lacaniano, marcando bem a disjunção que faz Lacan entre a Paranóia e a Psicose. A Paranóia de fato se alinha do lado da personalidade, enquanto que a Psicose situa-se no terreno do delírio de interpretação. Há relação entre Paranóia e conhecimento, que não é saber nem verdade. É a noção de conhecimento paranóico que é então formulada por Lacan.

Com o caso Aimée é inventada a paranóia de autopunição, pois Aimée, ao ser presa, punida pelo seu atentado contra Huguette ex-Duflos, cessa de delirar. Analisando o *Seminário das psicoses*, ressalta que é "na ordem simbólica, com seus determinismos", que se devem procurar as leis que orientam a relação do psicótico com a linguagem. Trata-se de um distúrbio nas relações do sujeito com a ordem significante. O fracasso da metáfora paterna está na base de todo processo psicótico.

A suplência do Nome-do-Pai é enfim ilustrada com Joyce, no Seminário XXIII *Le Sinthome*, onde Lacan, a partir da cadeia borromeana, designa a quarta consistência como uma possibilidade de organização edipiana que, funcionando como Nome-do-Pai, evita o desmoronamento psicótico.

Com este percurso criterioso e por uma fina leitura de Freud e Lacan, Marcelo apresenta de uma forma clara e exaustiva a evolução do conceito de psicose nos dois representantes maiores da Psicanálise.

O leitor de *A escritura psicótica* aí encontrará um roteiro seguro e descomplicado para seguir não apenas a evolução e a formalização conceitual desta estrutura nosológica, mas também para se orientar em sua dimensão clínica na direção do tratamento. Nesta direção Marcelo apresenta uma pertinente reflexão oriunda de sua prática.

IVAN CORRÊA

ÍNDICE

INTRODUÇÃO

Refletir sobre a teoria e a clínica psicanalítica das psicoses é avançar em um terreno que podemos sem dúvida qualificar como extremamente fértil para o psicanalista, bem como para o lingüista. É interessante observar que, apesar do fato de que Lacan se dedicou em nada menos que dois de seus seminários à questão psicótica, não faz mais que uma década que tal questão assumiu um lugar de maior densidade no campo da investigação psicanalítica. É bem possível que tal fenômeno esteja ligado ao tempo para compreender que se fez necessário após a morte de Lacan, a fim de que se tornasse possível alcançar algo da ordem de um enquadramento, de uma moldura, capaz de tornar o conjunto de sua obra minimamente inteligível, dada a vastidão do trabalho requerido para se situar em uma obra referente a um percurso tão amplo quanto o lacaniano. Com efeito, a abordagem das psicoses exige do investigador uma considerável familiaridade com o arcabouço conceitual psicanalítico e, nesse sentido, é preciso iniciar o percurso em Freud, e bem lá no início de sua teoria, posto que a reflexão sobre as psicoses acompanha passo a passo a construção freudiana da teoria psicanalítica. Foi justamente a proposta levada a cabo neste livro, de pensar as psicoses, que determinou desde logo um caminho lógico a seguir, a fim de, gradativamente, ir reunindo e trabalhando os conceitos necessários para tal empreendimento. Partir de Freud, atravessar transversalmente sua teoria, no intuito de apreender, em três momentos privilegiados, o conjunto de sua reflexão sobre o tema visado, dirigindo-se então, em seguida, para a teoria lacaniana – cuja porta de entrada para a psicanálise foi precisamente a interrogação acerca de uma psicose paranóica, o caso Aimée –, que também pode ser pensada a partir de três momentos lógicos fundamentais de sua teorização.

Antes de iniciar o percurso especificamente psicanalítico, entretanto, foi preciso dar lugar a uma reflexão prévia, acerca da relação entre lingüística e psicanálise, com o objetivo de estabelecer alguns parâmetros para a leitura dos outros capítulos, na medida em que a reflexão freudolacaniana se define, em sua especificidade, pela afirmação de que as psicopatologias são, acima de tudo, fenômenos de linguagem, e tal tomada de posição convoca o esforço de esclarecer que concepções de linguagem estão embutidas no trabalho psicanalítico sobre as psicoses.

O aparelho psíquico como aparato de linguagem

O primeiro capítulo, portanto, se dedica a explicitar, em linhas gerais, as relações existentes entre a teoria freudiana e lacaniana e algumas questões lingüísticas relevantes para a psicanálise. Nesse sentido, o primeiro ponto abordado diz respeito à descoberta freudiana que dá partida à teoria psicanalítica, a saber, a constatação de que os sintomas neuropsicóticos constituem-se como símbolos mnêmicos de idéias incompatíveis com o conjunto das crenças do sujeito. Servindo-se, em parte, da teoria catártica extraída de Breuer, bem como do paradigma psicológico vigente na época, o atomismo associacionista, que operava com a noção de representação, bem como com a tripartição da experiência humana em sensações corporais ou signos perceptivos, imagens, e palavras, Freud vai construir um ponto de vista basicamente original e, por isso mesmo, nada fácil de se identificar com clareza. O que se destaca, desde o *Projeto de uma psicologia para neurólogos* (Freud,1895), é a noção de que a linguagem é constitutiva do aparelho psíquico, posto que, sem as representações de palavra, o psiquismo, de um ponto de vista freudiano, não se organiza. A unidade semântica apresentada no texto de 1891 sobre as afasias como sendo a associação de uma representação de palavra e uma representação de objeto, uma imagem, é contraposta entretanto pelo capítulo 7 de *Interpretação dos sonhos* (Freud, 1900), em que a produção de sentido se vê subordinada a uma textualidade, na qual as representações não comparecem senão como traços assemânticos, material lingüístico disponível para construir um texto, segundo o desejo do sonhador. Obviamente, este segundo ponto de vista não elimina o primeiro, mas o relativiza consideravelmente, de forma que é correto dizer que Freud é, ao mesmo tempo, hermeneuta e cientista natural, esta contradição comparecendo ao longo de toda a sua obra.

O capítulo segue abordando então a virada lingüística em psicanálise operada por J. Lacan, mostrando que a releitura lacaniana retoma a metapsicologia freudiana, reinterpretando seus mecanismos em termos lingüísticos, como a metáfora e a metonímia no lugar da condensação e do deslocamento. Em uma espécie de parênteses, avança-se na função cada vez mais importante que a metáfora foi assumindo na obra lacaniana até relacioná-la brevemente com a escritura. Em seguida retorna-se ao desenvolvimento principal, mostrando como Lacan, servindo-se de uma série de saberes de seu tempo, como a lingüística, a filosofia e a lógica, produz, como Freud já o fizera, uma combinação original que funda um novo paradigma em psicanálise. Isso implica, por outro lado, que a releitura lacaniana de Freud não se reduz a uma simples continuação. Entre Freud e Lacan há uma mudança de modelo, apesar de se poder dizer corretamente que ninguém leu Freud tão bem quanto Lacan. Em "Télevision" – 72 – Lacan deixa essa questão bem clara quando se refere aos conceitos freudianos que, ao serem plantados no terreno lacaniano, geram plantas especificamente lacanianas.

A principal referência teórica das ciências humanas de que Lacan se utiliza, no entanto, é a concepção estrutural da linguagem, extraída de Saussure e logo subvertida e reelaborada. A argumentação então discorre acerca de algumas das principais propriedades da concepção saussureana, mostrando como Lacan pensa a subjetividade na estrita dependência da relação com o significante. Em seguida aprofunda-se mais na explicitação das leis da estrutura, buscando articulá-las com os conceitos psicanalíticos mais importantes do ponto de vista da estruturação subjetiva. Por meio da reflexão sobre a estruturalidade, chega-se à relação entre inconsciente e linguagem, passando da primazia da cadeia significante até a formalização, em 1968, das quatro letras que articulam os discursos. Após este trabalho conceitual, avança-se na obra lacaniana, abordando então a passagem de Lacan da pesquisa sobre o significante para o da letra, mostrando o quanto estes princípios já se encontravam esboçados em Freud e sua pertinência para a reflexão sobre o registro do Real.

OS TRÊS MOMENTOS LÓGICOS DA CONCEPÇÃO FREUDIANA DAS PSICOSES

O segundo capítulo dá início então ao percurso psicanalítico, propriamente dito, acerca do conceito de psicose, abordando as primeiras reflexões freudianas expostas nas cartas a Fliess, onde Freud constrói seu primeiro conceito de conflito psíquico, amparado na noção de defesa enquanto modo de afastar da consciência representações insuportáveis. Nesta época as psicopatologias são pensadas como neuropsicoses, sem maiores distinções; mas Freud já buscava mecanismos psíquicos capazes de dar especificidade a cada modalidade psicopatológica e apreende que, além do uso muito mais intenso nas psicoses que nas neuroses do mecanismo de projeção, há um déficit de simbolização nas primeiras, de forma que, ali onde a histérica condensa as representações, produzindo múltiplas identificações, o paranóico as segmenta, desfazendo as identificações; conseqüentemente, se o sintoma histérico reúne diversos símbolos, o sintoma paranóico permanece idêntico a si, porém irreconhecível, posto que, no processo defensivo, alterações gramaticais do enunciado psicótico fazem com que os sujeitos, as ações e os objetos em questão sejam invertidos e embaralhados, mantendo o sujeito em desconhecimento.

A primeira teorização importante de Freud, neste primeiro tempo da psicanálise, acerca do funcionamento do psiquismo psicótico diz respeito à descrição metapsicológica da alucinação, a qual acompanha seu esforço em delinear as principais linhas de força que orientam o funcionamento do aparelho psíquico. Freud parte do princípio de que o fluxo psíquico ordinário, que ele chama de progressivo, vai da percepção à memória, retornando então à primeira, produzindo conseqüentemente uma percepção consciente.

Na alucinação, em função da grande intensidade dos impulsos carregados de desejo, aliados a uma fragilidade do eu que é específica das psicoses, ocorre um fenômeno bastante raro no psiquismo, um processo primário no interior do eu. Este processo é raro precisamente pelo fato de que a função básica do eu neste momento da teorização consiste em, através de investimentos colaterais, inibir os processos primários, na medida em que as vivências de satisfação e de dor, responsáveis, respectivamente, pela produção de alucinações positivas e negativas, já haviam se mostrado insustentáveis do ponto de vista da manutenção do aparelho psíquico.

Nas psicoses, portanto, devido ao insuficiente investimento no eu, o fluxo psíquico se torna regressivo, partindo da memória carregada de desejo até chegar ao sistema perceptivo, produzindo consciência alucinatória. Freud já percebe, entretanto, desde este período inicial de reflexão, que o essencial da problemática psicótica reside em vicissitudes na relação com o outro, a quem ele nomeará, em uma carta a Fliess, o outro pré-histórico, inesquecível. Dessa forma, Freud localizará na *Unglauben* paranóica, a descrença radical que o outro provoca no primeiro, por ocasião da experiência de castração, o ponto específico, o sintoma primário da psicose paranóica. Enquanto o neurótico obsessivo apresenta como sintoma primário a auto-recriminação, o que indica que reconheceu a intervenção de um terceiro interditor, apesar, é claro, de suas inúmeras dificuldades neuróticas no lidar com esta manifestação, o psicótico demonstra que não houve afirmação do terceiro em seu mundo subjetivo.

O segundo momento da abordagem freudiana das psicoses se localiza nos anos dez, quando se elaboram os principais conceitos responsáveis pela articulação da dinâmica psíquica, tal como a psicanálise a apreende. O caso Schreber, surgido logo após o estudo sobre Leonardo da Vinci, vem mobilizar o novo conceito de narcisismo, articulado à libido homossexual, e constitui a incursão freudiana de maior fôlego no campo das psicoses. Freud nunca viu ou ouviu Schreber, tendo acesso somente às suas *Memórias de um doente dos nervos* (Schreber, 1903), e sua leitura psicanalítica deriva do estudo deste texto. O aspecto mais enriquecedor que o psicanalista extrai desta leitura reside na complexa elaboração que o delírio schreberiano apresenta, deixando claro o quanto tal processo consiste em uma tentativa, por parte do psicótico, de uma autocura, de resolver um conflito psíquico em que está em jogo nada menos que a capacidade de o sujeito articular sua experiência, bem como voltar a se relacionar com o outro. A afirmação freudiana anterior, segundo a qual o psicótico ama seu delírio como a si mesmo, se mostra amplamente verificada a partir deste caso, pois todo o esforço de Schreber reside na tentativa de se ajustar com as novas exigências que sua psicose lhe faz, no sentido de assumir uma nova identidade sexual, bem como se reconciliar com um Deus que lhe apresenta demandas bem específicas.

Freud identifica então, na paranóia, uma motivação libidinal homossexual decisiva, e todo o processo delirante teria como função a assimilação, por parte do sujeito, desta corrente libidinal que, até então, não teria podido se manifestar abertamente, por incompatibilidade com o conjunto das crenças do sujeito. O caso Schreber leva Freud a identificar a importância do complexo paterno nas psicoses, complexo este cujo alcance decisivo ele já tinha percebido desde o nascimento da psicanálise, ou seja, no momento em que se pôs a escutar as histéricas e sua estórias de amor incondicional aos pais. Esta dinâmica conflitual com o pólo paterno, todavia, se apresenta de um modo peculiar no campo psicótico, na medida em que é somente no momento do surto que a questão com o pai reaparece para o sujeito, o que leva Freud à constatação de que, nas psicoses, não há Édipo, o sujeito não chegando a ser introduzido em uma dinâmica triangular, de forma que é justamente durante o surto que o pólo até então rechaçado retorna, exigindo ser incorporado.

Em seguida, a argumentação no capítulo passa por um texto da mesma época relativo a um caso feminino de paranóia, em que o laço libidinal radical de uma moça com a mãe vem determinar o fracasso de suas tentativas de se aproximar do universo masculino, até chegar à reflexão acerca da melancolia, em que Freud trabalha, no seu célebre texto "Luto e melancolia" (Freud, 1915), os aspectos patológicos que a relação amorosa assume, e que se manifestam precisamente no momento em que o luto pela perda do objeto amado se faz necessário. O melancólico, ao contrário do enlutado, não consegue elaborar sua perda, o que o leva a, narcisicamente, incorporar o objeto perdido, e isso ele o faz através de uma identificação em seu eu, produzindo aquilo que Freud, em uma expressão feliz, nomeia como a sombra do objeto que cai sobre o eu, produzindo uma mistura entre o sujeito e o outro, o que vem atestar que a relação anterior não se caracterizava pelo reconhecimento da alteridade do outro, isto é, tratava-se então de um laço eminentemente narcísico. A melancolia, como a paranóia, atesta para Freud que o psicótico é um sujeito absolutamente aprisionado no narcisismo, o que passa a ser a marca registrada de tal patologia.

Nesta mesma época, em um artigo metapsicológico muito importante em sua teorização, "O inconsciente" (Freud, 1914), que surge logo após "O recalque", Freud articula uma distinção característica entre neurose e psicose, quanto ao modo de se utilizar dos símbolos. Para tanto, serve-se de um exemplo extraído de uma paciente esquizofrênica de Tausk, a qual usa o termo *Augenverdreher* (enganador, entortador de olhos) para se referir ao namorado, ao mesmo tempo que se queixa de que seus olhos estariam virados, essa queixa tendo surgido após uma briga com o mesmo. Freud então sustenta que uma neurótica histérica, por sua vez, teria apresentado, na mesma situação, um torcicolo, tendo se tornado incapaz de relacionar tal sintoma à discussão com o namorado.

Esse cotejo leva Freud a afirmar que o psicótico usa a linguagem de forma abstrata, enquanto o neurótico a utiliza criando símbolos cujos sentidos desconhece. O sintoma psicótico da fala abstrata diz respeito, portanto, à radicalidade do processo defensivo nas psicoses, que consiste na abolição da cena inconsciente, ficando toda a libido represada no eu, gerando a megalomania, enquanto que, na neurose, o processo defensivo preserva tanto a representação de palavra quanto a representação de coisa, a imagem inconsciente, produzindo, ao invés de megalomania, o investimento de representações fantasísticas. É precisamente devido ao fato de que o neurótico preserva as representações, apenas atacando as ligações entre as mesmas, que o processo pode ser revertido por meio de uma análise, levando o sujeito a desfazer-se de suas defesas, nomeando seus desejos, enquanto que, nas psicoses, a abolição da cena inconsciente deixa as palavras sem referência, tornando impossível alcançar os resultados obtidos com os neuróticos. Trata-se, para os psicóticos, conclui Freud, de ajudá-los a reconstruir suas cenas psíquicas, através do delírio, o que o caso Schreber vem claramente mostrar, uma vez que, antes da reconstrução delirante, o mesmo se encontrava em pleno fim de mundo, com a supressão radical da vida subjetiva, o que Schreber manifestava através dos "homens feitos às pressas", últimos resíduos de um mundo que se foi pelos ares. Quando o edifício do delírio se encontra completo, entretanto, o interesse social do juiz retorna consideravelmente, a ponto de

Schreber ter adotado uma filha para criar, após muitos abortos involuntários de sua esposa.

Este segundo capítulo termina com a abordagem do terceiro modo freudiano de pensar as psicoses, relativo à segunda tópica, elaborado nos anos vinte. Dois textos desta época apresentam este ponto de vista, "Neurose e psicose" e "A perda da realidade na neurose e na psicose" (Freud, 1924), em que Freud articula as psicopatologias segundo as conceituações de "O eu e o isso", sustentando então que nas neuroses trata-se de um conflito entre o eu e o isso, enquanto que, nas psicoses, o que predomina é um conflito entre o eu e a realidade externa. Freud sustenta que o abandono da realidade nas psicoses é radical, enquanto nas neuroses trata-se antes de uma deformação reversível.

Estas ponderações freudianas tiveram uma repercussão no meio psicanalítico que ofuscaram consideravelmente todas as suas elaborações anteriores sobre a questão, o que não é pertinente do ponto de vista conceitual. Dessa forma, a argumentação do capítulo se encerra relendo estes últimos textos à luz das teorizações prévias, o que tem por conseqüência apontar que a realidade à qual Freud se refere diz respeito à realidade da castração e que, tanto nas neuroses quanto nas psicoses, o surgimento dos sintomas corresponde ao retorno de um conflito do eu com o isso, na medida em que desejos incastráveis se afirmam, para além do compromisso com a realidade.

O espelho paranóico

O terceiro capítulo dá início à abordagem do percurso lacaniano e se concentra na primeira produção importante de Lacan no campo da psicopatologia, sua tese de doutorado em psiquiatria, intitulada "Da psicose paranóica em suas relações com a personalidade" (Lacan, 1932), que vai marcar sua entrada no campo psicanalítico, justamente a partir dos impasses que o caso nela estudado apresenta para uma abordagem psiquiátrica.

O sentimento, por parte de Lacan, de que os recursos psiquiátricos para abordar as psicoses eram rarefeitos ficam óbvios ao longo do trabalho de elaboração da tese, e isso o leva a postular uma nova entidade clínica, a paranóia de autopunição, na medida em que o caso Aimée não se enquadrava adequadamente na classificação nosográfica vigente. O contexto que envolve a confecção da tese, por sua vez, diz respeito a um momento – 1931 – em que, no campo psiquiátrico, se desenrolava uma controvérsia importante, na medida em que não se havia ainda estabilizado um paradigma para a pesquisa psicopatológica. Se, de um lado, o exaustivo trabalho de Kraepelin conseguira, de certa forma, estabelecer um certo consenso em relação aos principais quadros clínicos psiquiátricos, a questão acerca dos fatores determinantes das psicoses ainda dividia bastante os teóricos, no sentido de se definir o peso específico da psicogênese e da organogênese na produção da psicose. Kraepelin, por exemplo, sustentava ser a paranóia de origem endógena; Clérambault considerava os fenômenos psicóticos eminentemente orgânicos, enquanto os delírios seriam mera reação do cérebro doente à ruptura derivada do automatismo mental. Lacan, a esta altura, preferia se filiar à escola jaspersiana, que enfatizava a dimensão psicogenética das psicoses.

A tese de doutorado se configura precisamente como uma tomada de posição, no sentido de que Lacan nela buscará definir a psicopatologia como um fenômeno essencialmente articulado à personalidade, esta sendo pensada, por sua vez, como uma síntese das reações estáveis do organismo e como uma linha de desenvolvimento compreensível de um indivíduo. Assim sendo, Lacan substituirá a polêmica processo orgânico x psicogênese pela oposição de Jaspers, processo psíquico, fenômeno xenopático x psicogênese, trazendo as psicoses, como um todo, para o campo da causalidade psíquica. Nesse sentido, a escolha metodológica da tese é pela monografia aprofundada, em que se estuda um caso clínico, da forma o mais minuciosa e exaustiva possível.

Este procedimento ia frontalmente de encontro à metodologia prevalente no campo psiquiátrico. Kraepelin, por exemplo, para definir uma entidade clínica, recorria a centenas de casos, abstraindo as peculiaridades de cada um, a fim de proceder a uma síntese descritiva, capaz de enquadrar cada caso de psicose dentro de uma categoria clínica geral. O ponto de vista de Lacan, seguindo novamente uma orientação de Jaspers, é de que, se se deixam de lado os traços específicos de um caso, suas singularidades, não é possível apreender as relações essenciais que a psicose mantém com a personalidade do doente.

Conseqüentemente, a psicose, do ponto de vista em que Lacan se situa a esta altura de sua elaboração, diz respeito a um ciclo de comportamento, isto é, a um processo desejante, articulado então a um conflito vital. Todos os fenômenos psicóticos, portanto, estão relacionados a este conflito vital que define a personalidade de um indivíduo. Este posicionamento está vinculado à influência de Espinosa sobre a reflexão lacaniana. O filósofo, autor de *Ética*, sustentava que o desejo é a essência do ser humano e que, ao mesmo tempo, a essência de cada um difere da essência de cada outro, de forma que o estudo sobre a história dos desejos de um indivíduo deve atentar para as peculiaridades de cada ciclo vital, o que uma síntese descritiva clínica obviamente não poderia realizar. Lacan então dedica um ano e meio de suas pesquisas a fim de esmiuçar os determinantes psíquicos da psicose de Margueritte Anzieu, a quem ele chamará "Aimée", tendo reconhecido muitos anos depois que a paciente era realmente "muito tocante".

O encontro de Lacan com Aimée se dá após o atentado que esta comete em 1931, ao esfaquear a célebre atriz do teatro francês, Huguette ex-Duflos, na saída do teatro em que esta acabava de encenar a peça "Tudo vai bem". Aimée é presa e após cerca de um mês é transferida para o hospital Sainte-Anne, em que o jovem psiquiatra, Lacan, trabalha. O atentado alcança grande repercussão na mídia, e a justificativa de Aimée para a passagem ao ato foi a de que a atriz, associada a Pierre Benoit, romancista francês de renome, teria se utilizado da peça para expor publicamente a vida íntima da paciente, escarnecendo de sua pessoa.

Mesmo após saber que o golpe ferira apenas de leve a atriz, Aimée continua a delirar na prisão. A surpresa vem com vinte dias de cárcere, quando o delírio cai de uma só vez. Lacan só a encontra quando esta não se acha mais delirando e conclui que o delírio permanece em reserva. Aimée ainda passará doze anos internada e, se nunca mais entrou em crise, passava entretanto por momentos em que surgiam idéias delirantes de cunho místico. Apesar de a passagem ao ato ter se dado aos 39 anos, a psicose de Aimée já tinha se desencadeado sete anos antes, com a primeira internação.

Lacan se dedica então à pesquisa da história de vida e da doença da paciente. Apreende que Margueritte tinha o mesmo nome que uma irmã morta de forma trágica um ano e meio antes de seu nascimento e que sua infância foi marcada por um laço muito estreito com a mãe, Jeanne, junto a quem lutava contra uma suposta tirania paterna, pai que permanecia assim excluído do laço familiar. Foi encaminhada pela mãe para ser professora primária, mas desvia-se deste destino, outorgando ao irmão tal tarefa, ruptura diante da qual manifestará remorso posteriormente, afirmando, com relação a sua mãe, que "eu deveria ter ficado junto dela". Sua adolescência foi marcada pela aparente inexistência de interesses sexuais, pela tendência a devaneios solitários e pelo amor à natureza, bem como por uma certa nostalgia da vida infantil. A esse respeito refere a Lacan que "este deveria ser o reino das crianças e das mulheres".

Aos dezoito anos passa em um concurso para os Correios e se muda para Melun; antes disso, porém, mora por três meses com a irmã em um vilarejo, onde tem sua primeira experiência sexual e é quando se apaixona por um poeta local. Trata-se de um amor basicamente platônico, com poucos encontros, mas ao qual Aimée ainda será fiel por três anos. Em Melun, estabelece um forte laço com C. de la N., colega que exercerá sobre ela uma ascendência moral e junto a quem alimentará uma postura puritana, com atitudes masculinizadas e desprezo pelo sexo feminino. Aimée mantinha, entretanto, segundo conta, um jardim secreto, um comportamento eventual de promiscuidade com os homens, mas de que cuidava para que C. de la N. nada soubesse; justifica tal atitude como derivando de uma forte curiosidade sobre os homens. Todavia, a frigidez de Aimée é um traço que vai marcá-la ao longo de toda a vida.

Após quatro anos em Melun, decide casar-se, principalmente por motivos de estabilidade material. Casa-se então com Renée Anzieu, mas logo fica claro seu despreparo para a nova posição, uma vez que uma série de sintomas aparece: mutismos prolongados, apragmatismo sexual, risos imotivados, devaneios prolongados, etc, que demonstram que seu casamento de fato não correspondeu a uma mudança de posição. Quando, após a guerra, sua irmã Élise vem morar com o casal, por conta de ter perdido o marido em batalha, a situação se agrava, uma vez que a simples presença de Élise é suficiente para expor a insuficiência de Aimée. Lacan dará máxima importância a esta intrusão de Élise na vida da irmã, estabelecendo seu diagnóstico a partir da incapacidade de Aimée em adotar uma postura de combate diante desta irmã que chega para desalojá-la; a paranóia de autopunição diria respeito à reação desviada que Aimée assumiria perante a irmã que dela cuidara na infância.

Com quatro anos de casada, entretanto, Aimée engravida, e então os sintomas psicóticos eclodem de forma definitiva. À medida que sua gravidez avança, começa a apresentar idéias delirantes de cunho persecutório, afirmando que querem matar seu filho e que a vizinhança faz intrigas contra ela, denegrindo sua imagem de mulher recatada. Quando a criança nasce natimorta, sistematiza-se um delírio persecutório em que C. de la N. é a perseguidora. Aimée passa seis meses internada, saindo então mais calma do hospital, porém não curada. Engravida novamente e nasce uma criança saudável, Didier Anzieu, a quem ela se dedica de forma irregular, e que acaba passando aos cuidados de Élise, por conta de distrações graves cometidas pela mãe. Aimée se muda então para Paris, a fim de ser romancista, passando a morar sozinha. Nos anos seguintes, dedica-se à leitura e aos estudos para o Baccalauréat, no qual fracassa três vezes. Fica claro para Lacan que, a essa altura, Aimée, além do delírio persecutório, há algum tempo já alimentava um delírio erotomaníaco, o qual, nesta época, se dirigia para Pierre Benoit, o escritor considerado então como seu protetor.

O tempo passa e Aimée, cada vez mais, vai sendo tomada por uma inquietude básica, sentindo que algo deveria ser feito. Em 1930, escreve dois romances e busca publicar um deles, intitulado *Le Détracteur*. Este livro é entretanto recusado pela editora Flammarion, e Aimée agride a funcionária que lhe dá a notícia, quase sendo presa. Nesta época, Pierre Benoit já era um dos perseguidores, e o novo protetor era o príncipe de Gales. Em abril, então, tendo dirigido seu sentimento de perseguição para mulheres famosas no campo das artes, ataca Huguette ex-Duflos e é presa. O que mais chama a atenção de Lacan em toda esta estória é a queda repentina do delírio após vinte dias de prisão.

O capítulo então se encerra com a exposição da argumentação lacaniana acerca do diagnóstico da paciente, bem como das causas de sua psicose. O delírio teria cedido, segundo Lacan, por conta do ato em que reagiu à intrusão da irmã, ato cujo objetivo é alcançado de modo desviado, mas que teria encerrado a questão que a atormentava, bem como a punição com o encarceramento, posterior, resolvera a culpa que a assediava pelo desejo de morte dirigido à irmã. Dessa forma, Lacan conclui que a psicose de Aimée não pode ser compreendida sem que se atente para sua personalidade, seus conflitos vitais, o que permite inserir toda a suposta irracionalidade de seus atos no interior de um quadro em que as relações de compreensão predominam. Por outro lado, a relação ambivalente de Aimée com seus perseguidores, que Lacan nota serem, ao mesmo tempo, odiados e invejados, o leva a se interrogar acerca da alienação às imagens ideais e das relações de rivalidade narcísica entre semelhantes, a luta de prestígio que Hegel evidenciou através de suas elaborações acerca da fenomenologia do espírito. Serão estas reflexões que conduzirão Lacan à psicanálise, através da articulação de seu célebre texto de 1936, acerca do estádio do espelho.

Em uma nota de pé de página da tese, porém, Lacan se indaga acerca de uma possível segunda hipótese diagnóstica do caso, a saber, um delírio a dois, na medida em que, segundo relatos da família, Jeanne, a mãe de Aimée, não só há muito tempo já alimentava um delírio persecutório em potencial, mas que, além disso, desenvolvera crises psicóticas precisamente em dois momentos; o primeiro quando Aimée engravida e tem seu primeiro surto; o segundo quando a filha faz a passagem ao ato. Esta hipótese – embora conseguisse explicar satisfatoriamente as idéias persecutórias de Aimée a respeito do interesse generalizado em atacarem o seu filho –, Lacan não a desenvolve, uma vez que isso implicaria reformular a tese como um todo. O capítulo então termina com algumas reflexões sobre este segundo diagnóstico, pensado a partir das elaborações de Jean Allouch em seu livro *Margueritte ou a Aimée de Lacan* (Allouch, 1997).

Um buraco no Simbólico

O quarto capítulo procura abordar a conceituação lacaniana acerca das psicoses articulada a partir do seminário três, das psicoses, de 1956, onde Lacan apresenta, então, o seu ponto de vista sobre esta estrutura psíquica. A argumentação do capítulo, evidentemente, não se restringe ao elaborado neste seminário, mas utiliza-se dos recursos de vários outros seminários e escritos lacanianos, até o seminário vinte, *Encore* (Lacan, 1973). Trata-se da segunda grande reflexão lacaniana acerca das psicoses e aquela que, sem dúvida, concentra suas principais articulações conceituais, recorrendo a toda a lógica do significante a fim de apreender os determinantes estruturais das psicoses.

O capítulo inicia com um apontamento acerca do texto "Causalidade psíquica", de 1946, onde Lacan dá prosseguimento à polêmica iniciada com a tese sobre o caso Aimée, desta vez se contrapondo ao ponto de vista organodinâmico de Henri Ey. A novidade, entretanto, reside no fato de que, a partir deste momento, Lacan já não sustenta mais a posição psicogênica, passando a defender que as psicoses, se de fato devem ser pensadas a partir de sua relação com o campo do sentido, dizem respeito, antes que às relações de compreensão, ao campo da fala e da linguagem. Estava dado, portanto, o roteiro para a pesquisa que viria em seguida, a saber, o estudo das relações do sujeito com a ordem significante.

O seminário três começa explicando o abandono por Lacan do ponto de vista psicogenético, na medida em que a compreensão é uma armadilha para quem trabalha com um sujeito afetado pelo inconsciente. Freud já mostrara que o fato de o sujeito ser dividido em instâncias relativamente autônomas e dotadas de racionalidade tem por efeito causar idéias e comportamentos que não podem ter suas razões apreendidas pelo ponto de vista da compreensibilidade. É neste sentido que Clérambault, a quem Lacan não faz nenhuma menção durante a tese, aparece neste seminário como o seu mestre em psiquiatria, a partir de sua idéia do automatismo mental, que se opõe, justamente, à hipótese psicogênica, propondo que se tome o fenômeno gerador das psicoses como uma ruptura no desenvolvimento do indivíduo. Sem acatar a proposta clerambaultiana que remete novamente à organogênese, Lacan sustentará que é a cadeia significante que, em seu funcionamento autônomo e alheio à compreensão, produz ruptura na vida de um sujeito. Assim, a concepção de uma estrutura que determina as posições simbólicas a serem ocupadas pelos sujeitos vem orientar a interrogação lacaniana acerca das psicoses. É, portanto, a lei do mal-entendido, isto é, equivocidade essencial à linguagem, que define o itinerário subjetivo, posto que a este não lhe cabe mais que seguir o desfiladeiro dos significantes.

Lacan aponta em seguida a estranheza embutida no fato de que os pós-freudianos tenham se interessado tanto pela psicose esquizofrênica e tão pouco pela paranóia, quando na elaboração freudiana encontramos justamente o contrário, Freud situando o campo psicótico a partir de duas polaridades, isto é, da paranóia à esquizofrenia, manifestando seu interesse prevalente pelo estudo das paranóias. Os pós-freudianos, por sua vez, ao lidarem com as psicoses, repetiram o problema essencial que Lacan reiteradamente apontou nos primeiros anos de seu ensino, a saber, a prevalência das relações imaginárias. É por conta disso que Lacan irá enfatizar que a psicanálise com pré-psicóticos desemboca precisamente em uma psicose declarada; afirmação que não corresponde a uma desautorização para analisar estes sujeitos, mas tão somente à recomendação para evitar a imaginarização do processo analítico, principalmente com psicóticos.

A ênfase deste seminário, aliás, será a afirmação reiterada de que é na ordem simbólica, com seus determinismos, que devemos procurar as leis que orientam a relação do psicótico com a linguagem. Neste sentido, o ponto de partida para o novo enfoque consiste na elaboração do esquema L, da comunicação, que abrange justamente tanto o eixo imaginário quanto o simbólico das relações entre os interlocutores. O exemplo riquíssimo da paranóica que profere "eu venho do salsicheiro" ao sair de casa e que alucina ouvir do amante da vizinha, o outro imaginário, o "Porca" vem ilustrar precisamente o obstáculo que o psicótico encontra no momento em que lhe é necessário referir-se ao Outro, a fim de alcançar um ponto de orientação no simbólico. A exclusão do Outro nas psicoses faz com que o enunciado deste sujeito apresente o caráter de alusão, de cercamento de um ponto que não é possível acessar, enquanto o neurótico, como mostra Lacan, recebe sua mensagem do Outro, sob forma invertida.

Em seguida, é apontado o caráter de distúrbio de linguagem que a psicose apresenta, com os neologismos, a língua dentro da língua, Lacan iniciando a abordagem do caso Schreber realçando que o fundamental, para identificar uma psicose, reside na explicitação dos fenômenos elementares, sendo os distúrbios da linguagem um deles, junto às alucinações auditivas e visuais, bem como o afrouxamento dos laços associativos nos enunciados destes sujeitos. Sob o ponto de vista lacaniano, entretanto, os fenômenos elementares não podem ser situados como manifestações diferentes do conjunto fenomênico das psicoses; antes, Lacan vai inseri-los na mesma lógica que preside a todo o processo patológico. Em Schreber, por exemplo, os distúrbios de linguagem são prolíficos, a começar pela "língua fundamental" falada pelos nervos de Deus, bem como as mensagens interrompidas e as mensagens sobre o código, junto aos neologismos que funcionam como "chumbo na malha" do discurso, dando um certo atrito, uma aderência a um discurso de outra forma desenfreado.

Quando Lacan argumenta que as psicoses devem ser entendidas como distúrbios nas relações do sujeito com a ordem significante, percebemos que este ponto de vista amplia a perspectiva freudiana, na medida em que incorpora a dinâmica libidinal ao funcionamento da cadeia significante, permitindo avançar na explicitação da causalidade psíquica, como a abordagem lacaniana do caso Schreber nos faz ver, ao passar da explicação freudiana, segundo a qual a origem da psicose schreberiana se encontraria no homossexualismo inassimilável pela moral restrita do juiz, para o ponto de vista de que esta transexualidade psicótica – não uma homossexualidade, posto que Schreber afirma que está em vias de se transformar em mulher – diz respeito antes a um sintoma dentro da estrutura. Dentro desta perspectiva estrutural, Lacan aponta ainda que o discurso psicótico, diferentemente do neurótico, se apresenta sem um ponto de estabilização capaz de autorizar o funcionamento do jogo significante sem a desorientação completa. É de um Outro que não engana que se trata nas neuroses, e Lacan vai mostrar que, seja apelando à regularidade da trajetória dos astros na Antiguidade, seja crendo que Deus não engana, como Descartes, na modernidade, o fato é que o neurótico sente-se seguro para suportar o jogo significante, na medida em que acredita que, em algum lugar, há alguém, um Pai que rege a ordem simbólica. Se observarmos a natureza das relações que vigoram entre Schreber e Deus, fica claro que se trata neste caso de um Deus absolutamente errante, que não funciona como garantia de nada. É em função dessa característica que Lacan vai pontuar a marca característica da experiência psicótica, a saber, a possibilidade sempre presente, para este sujeito, de se deparar com aquilo que, na teoria lacaniana, é chamado o buraco no Simbólico, isto é, a perda completa dos pontos de referência, que deixa o psicótico em um estado de perplexidade angustiada e que tem como resultado aquilo que Lacan nomeia o remanejamento em cascata de toda a cadeia significante, correlativo à regressão tópica ao estádio do espelho, muitas vezes resultando na dissolução imaginária.

O capítulo então continua, a essa altura recorrendo ao seminário cinco *As formações do inconsciente* (Lacan, 1958), procurando por esse intermédio abordar a estruturação do sujeito a partir dos três tempos do Édipo: o primeiro tempo, último passo do estádio do espelho, a criança ocupando a posição de falo da mãe; o segundo tempo, o da entrada do Pai Imaginário, privador do falo materno; e, por fim, o terceiro tempo, do pacto com o Pai simbólico, o pai morto freudiano, correspondente à transmissão fálica. No percurso edípico, portanto, é possível situar as vicissitudes que definem os pontos de enganchamento que irão determinar as linhas de força da estrutura psicótica.

O primeiro tempo corresponde, grosso modo, à posição do sujeito psicótico com relação à demanda materna, isto é, ser este objeto ideal que tampona a falta do Outro. O segundo tempo aponta precisamente para o momento do surto psicótico, quando Um-Pai, em posição terceira, impede o sujeito de manter-se na posição de falo imaginário do outro. A criança, futura neurótica, passa então por um momento de angústia que se aproxima da experiência psicótica, pois é desalojada de uma posição em que encontrava, ao preço da alienação, orientado a partir do olhar do Outro materno, encontrando-se então diante do enigma do desejo do Outro. A diferença é que, no mesmo ponto em que o espelho se quebra, com a castração materna, o desejo da mãe abre o campo para a entrada de um pai que passará, enquanto detentor do falo, a servir de nova referência à criança, desta vez uma referência simbólica, o pai como doador do falo simbólico, transmissão que só pode operar na medida em que incide a castração. Este terceiro tempo, por suposto, o psicótico jamais alcançará, e o surto de Schreber nos mostra efetivamente o psicótico às voltas com a necessidade subjetiva de encontrar algum acordo possível com esse Pai que é quem pode proporcionar-lhe uma filiação e uma sexuação, condições fundamentais para o exercício sustentável da subjetividade.

O preço que o psicótico paga por não ter acessado o pai do terceiro tempo do Édipo e, efetivamente, nem mesmo o pai do segundo tempo é ficar sem o recurso da metáfora paterna, esse operador que permite ao neurótico simbolizar o real pulsional que condiciona sua experiência subjetiva. A ausência de metáfora é aliás uma manifestação bem típica da sintomatologia psicótica, o exemplo que Freud extrai da paciente de Tausk, com o *Augenverdreher* do namorado e os olhos virados, vindo mostrar que na psicose as palavras se tornam abstratas, ao perderem a referência, enquanto a neurótica histérica, por exemplo, constrói um símbolo inconsciente, desta forma se servindo da metáfora paterna a fim de costurar um ponto do tecido simbólico que deixava o corpo real descoberto.

O ponto seguinte a ser abordado no capítulo diz respeito à complexificação do conceito de função paterna por Lacan. Da metáfora paterna, a elaboração lacaniana chega ao operador específico em ação no Édipo, o significante do Nome-do-Pai, significante assemântico responsável pela estruturação subjetiva. As psicoses, portanto, se caracterizam pela não-inscrição do Nome-do-Pai no psiquismo. O percurso teórico realizado a fim de apreender a especificidade deste conceito parte da noção de sujeito-suposto-saber, correspondente ao lugar em que o analisando situa o analista enquanto detentor de um saber acerca dos fatores responsáveis por seu sofrimento. Lacan vai dizer que a instauração de um lugar de suposto saber é uma prerrogativa do neurótico e um fator necessário para o desenrolar da transferência, condição de possibilidade para que uma análise se efetive. A suposição de saber, por sua vez, tem sua raiz na crença neurótica no Pai onipotente, o pai morto, que proporciona ao sujeito uma estrutura centrada.

Entramos neste momento em um ponto de controvérsia entre as teorias freudiana e lacaniana, posto que, se Freud, em "Análise terminável e interminável" – 1937 – irá dizer que o fim de análise esbarra na angústia de castração enquanto sintoma insolúvel; Lacan, por sua vez, sustentará que o fim de análise implica ultrapassar a angústia de castração; não ultrapassar a castração, claro, mas poder assumi-la e simbolizá-la em algo da ordem do amor, posto que, na definição lacaniana, amar é dar o que não se tem, subentendendo-se portanto que sem castração não há amor entre os sujeitos. Assim sendo, o final de análise do ponto de vista lacaniano implica o ateísmo estrutural, a queda do amor ao Pai, traço característico do neurótico. O sujeito-suposto-saber, portanto, é um corolário da formulação do Nome-do-Pai. Entretanto, Lacan dirá que este significante primordial é, por sua própria função, incognoscível e impronunciável, radicalmente inconsciente, e somente neste regime inconsciente pode funcionar.

O Nome-do-Pai, conseqüentemente, é o primeiro significante no campo do Outro, aquele que fará a nominação do sujeito, através do pai do nome, constituindo o traço unário, a letra de gozo com a qual o sujeito se identificará, assumindo seu nome inconsciente, matriz subjetiva a determinar o itinerário do sujeito. A função paterna consiste precisamente em encarnar a contradição, tornando-se assim uma exceção, posto que uma vez assumida a noção de verdade não é mais possível justapor duas classes contraditórias. O pai encarna a exceção, e é por isto uma ex-sistência, um nome apagado radicalmente, e tal esquecimento é subjetivante, posto que permite a articulação significante, a partir da estabilização semântica que a exclusão do termo contraditório proporciona. Este esquecimento corresponde ao recalcamento originário, o furo no Outro, ponto que a análise, em uma concepção lacaniana, visa alcançar, correlativo à constituição do sujeito. O nome próprio, traço singularizante, só pode portanto operar na medida em que há incidência do Nome-do-Pai enquanto nome inconsciente, falo simbólico por meio do qual o inconsciente é linguagem, significante capaz de unir desejo e Lei. O pai, por esse motivo, é quem introduz para o sujeito o significante, garantindo dessa forma a existência da falta no campo do Outro.

O psicótico, conclui-se, está fora do registro do significante, uma vez que para ele não incide o significante do Nome-do-Pai e, por conta disso, é desabonado de inconsciente, permanecendo como testemunha aberta do discurso do Outro, assujeitado aos significantes deste Outro sem brechas, conseqüentemente, diante do qual nada cai, não havendo assim separação possível para o sujeito, que dessa forma fica sem lugar no Outro. Permanecendo sempre com um objeto a mais, na medida em que a *Unglauben* psicótica impede a queda do *objeto a* separador, o psicótico enfrentará sempre grandes dificuldades para ocupar o lugar daquele que tem, posto que, por princípio, deve tudo ao Outro, a quem nada pode faltar.

Encontramos neste ponto a justificativa estrutural para o que Lacan nomeia o empuxo-à-mulher nas psicoses, esta força que parece empurrar todo psicótico a ocupar uma posição algo próxima à feminilidade, para ser o falo que falta ao Outro. A holófrase de *S1-S2*, correspondente a este Outro compacto, sem brechas, impede o surgimento do sujeito, uma vez que este deriva de um intervalo na cadeia significante do discurso do Outro; e sem intervalo significante o sujeito não tem vez, posto que não há questão sobre o desejo do Outro, não há fantasma que enquadre o gozo, há somente assujeitamento e luta contra o destino de resto do Outro. A luta que compromete o psicótico, portanto, diz respeito à tentativa, muitas vezes tragicamente malsucedida, de fazer existir uma falta no campo do Outro, o que depende do encontro de alguma forma de suplência ao Nome-do-Pai, suplência estabilizadora que, antes do seminário XXIII *Le Sinthome* (Lacan, 1976), só poderia advir por meio da metáfora delirante, a qual tem como tarefa inicial, necessariamente, desfazer a holófrase que, carregada de gozo, aprisiona o psicótico em um gozo doloroso, transformando a linguagem em ruídos que invadem e ferem o sujeito. A interpretação delirante, dessa forma, será o jogo da letra que, por meio das transliterações, das homofonias, servirá como arma para abrir uma brecha no campo compacto do Outro primordial, cavando assim um espaço de subsistência lógica para o sujeito do desejo.

O jogo da letra na psicose

O quinto capítulo trata da última reformulação conceitual importante que Lacan promoveu em sua teoria e que permitiu uma releitura das psicoses, conseqüentemente uma nova clínica destas psicopatologias. O período do chamado último Lacan tem seu início com o seminário XIX *Ou Pire* – 1972-73 – quando é proposta pela primeira vez a utilização do emblema da família borromeu, chamado por Lacan de nó borromeano de três aros, cuja característica principal consiste no fato de que, caso se corte um dos aros, o nó como um todo se desfaz. E isso porque os aros não são enlaçados dois a dois, somente a superposição dos três aros produz o enodamento borromeano.

Lacan utilizará a topologia dos nós a fim de dar suporte à análise das relações que se estabelecem entre os três registros, Real, Simbólico e Imaginário. A partir da década de 70, aliás, toda a ênfase do ensino lacaniano sofre uma transformação, o registro que passa a chamar predominantemente a atenção deixando de ser o Simbólico, com o Real assumindo este lugar. Lembremo-nos de que, das décadas de 30 a 50, a teorização se concentrava de forma privilegiada sobre o registro Imaginário, quando Lacan se preocupava sobretudo em pesquisar as relações narcísicas a partir do estádio do espelho, em sua dimensão de alienação à imagem do outro. De 50 a 70, foi a vez do Simbólico prevalecer, no tempo do estudo das leis estruturais da cadeia significante. Como se sabe, a noção de estrutura traz embutida a idéia de que o Simbólico, enquanto jogo de elementos diferenciais, é, de fato, o que responde pela existência dos outros dois registros, o Real sendo então pensado como aquilo que falha no processo simbólico e o Imaginário, como condensação transitória da dinâmica diferencial incessante.

Esta forma de pensar levou Lacan a alguns impasses no que diz respeito à teorização acerca do fim de análise, posto que, do ponto de vista unicamente simbólico, a análise seria interminável, o jogo interpretativo e associativo se mostrando sem fim, a transferência, conseqüentemente, nunca se dissolvendo. O registro do Real, enquanto aquilo que faz corte, que secciona as articulações simbólicas, torna-se fundamental para se pensar em um corte de finalização de uma análise. Nesse sentido, Lacan desloca a reflexão do significante para a letra, da metáfora para o sem-sentido, da cadeia para o Um, dando ao Real não mais um estatuto de déficit simbólico, mas antes o de um registro que apresenta suas características ativas, essenciais para pensar a subjetividade. O Imaginário, que também se colocava como um derivado do Simbólico, Lacan percebe que sua ausência desempenha uma função decisiva em algumas psicoses esquizofrênicas, o que o leva, justamente, a passar do conceito de estrutura – o qual obviamente não é abandonado – para trabalhar a articulação subjetiva a partir da topologia dos nós, cuja primeira importante reformulação em relação à teorização anterior consiste na colocação da equivalência dos três registros. Doravante, não há mais privilégio do Simbólico, uma vez que, qualquer um dos aros sendo cortado, o nó se desfaz igualmente.

Da consideração inicial acerca do nó de três, Lacan passa ao estudo da função do sintoma, que, enquanto universal, vem mostrar que a tarefa de simbolizar o real pulsional implica a construção de suturas, de sintomas que vêm costurar aquilo que ficou como falha no recalque originário. Essa reflexão lacaniana levou à suposição da existência de um quarto aro cuja função é manter junto o nó e que será nomeado como o aro do Nome-do-Pai, aquele que, por meio da nominação, distingue os três aros do Real, do Simbólico e do Imaginário. O nó de quatro se torna então o paradigma borromeano, uma vez que o nó de três seria um ideal inalcançável, posto que a ordem simbólica é marcada por pontos de silêncio, de impossível. O nó de quatro, conseqüentemente, apresenta a consistência imaginária, o furo simbólico e a ex-sistência real. A nominação, por sua vez, como quarto aro, é o que sustenta a ex-sistência do furo, pois somente a nominação fura. O sintoma, portanto, surge como um substituto do Nome-do-Pai, como a fobia do pequeno Hans ilustra muito bem. Diante de impasses neuróticos, faz-se apelo a distintas nominações: inibição, sintoma, angústia, segundo Freud; nominação imaginária, nominação simbólica, nominação real, segundo Lacan. Esse quarto aro que amarra o nó, o aro do Nome-do-Pai, que será também denominado por Lacan como o *sinthome*, transliterado por sinthoma, isto é, como aquela modalidade de gozo que, irredutível, se torna o recurso principal através do qual o sujeito articula aquilo que, do real, o acossa. O sinthoma, portanto, para existir, requisita a transposição do sintoma, implica que se leve este até sua face real, sua épura, fazendo-o passar da condição de formação do inconsciente, isto é, de metáfora, à condição de letra real, ciframento de gozo que, marcado pela ausência de relação sexual, faz borda ao furo do *Urverdrangt*, escrevendo algo de novo acerca daquilo que o Simbólico silencia. Se o sintoma, por ser uma fala amordaçada, é dessubjetivante, o sinthoma, por sua vez, é da ordem da criação e sua construção corresponde ao fim de análise, corresponde à identificação ao sintoma, o sujeito passando do ter um sintoma para ser um sinthoma. O sintoma é fálico e está portanto dentro da órbita paterna. Diante disso, Lacan dirá então que, do Nome-do-Pai, é preciso saber servir-se, para então poder dele nos desvencilhar, ou seja, buscar outras nominações, saindo daquele círculo vicioso em que o neurótico se mantém, em uma constante demanda ao pai, para que este resolva o que não pode ser resolvido, e cuja tarefa cabe só ao sujeito.

O seminário XXIII, *Le Sinthome*, neste sentido, articula esta questão conceitual através da interrogação sobre a estrutura subjetiva de James Joyce, o escritor que, segundo Lacan, apresentava uma estruturação subjetiva psicótica, tendo alcançado, por meio de sua arte de escritura, evitar o surto. Com efeito, Joyce conseguiu, ao longo de toda sua vida, manterse "como um neurótico" e sua extrema habilidade com as letras levou Lacan a considerá-lo inanalisável, na medida em que seu saber-fazer com seu sintoma o situava em uma posição de fim de análise, posto que, diferentemente do sujeito que se encontra à mercê de seu sintoma, Joyce era ativo e, identificado com seu sintoma, fez disso um artifício capaz de produzir uma obra de arte de primeira linha. Sua escritura tinha por característica a abolição, ou pelo menos a subordinação do sentido ao real do ciframento, e ele gostava de ressaltar a musicalidade como o principal elemento de seus textos. Frente à demissão paterna, Joyce viu-se às voltas com o que Lacan denominou uma forclusão de fato, o fracasso paterno na transmissão fálica. Quem sustentava seu falicismo, portanto, era o nome próprio que ele fez através da publicação bem-sucedida de seus livros.

A reflexão lacaniana intitula o escritor como Joyce-o-sinthoma, uma vez que este, mais que ninguém, fez de sua vida um exercício sinthomático, responsável por seu gozo solitário, sua ausência de formações do inconsciente, Lacan dizendo dele que era desabonado do inconsciente, mas que, através deste artifício, manteve junto o nó, reamarrando um Imaginário que se encontrava solto por ocasião de seu nó primeiro. As epifanias, sua primeira inovação no campo da prosa, apontam para uma escritura que, à revelia do Imaginário, expõe uma amarração não-borromeana entre Real e Simbólico. O interessante é que, ali onde o leitor não encontra nada mais que fragmentos discursivos extraídos do contexto em que poderiam ter sentido, Joyce encontrava uma significação especial, transcendente, enigmática, a qual ele denominava a experiência estética da *claritas*, iluminação essencial do objeto, segundo a filosofia de Tomás de Aquino.

Finnegans Wake, seu último livro, que deixa o leitor amplamente desnorteado, poderia ser justificado frase por frase, segundo afirmava. Esses e outros exemplos indicaram a Lacan que o nó de Joyce, apesar de se sustentar, evidentemente era diferente do nó do neurótico. Fazendo seu nome, Joyce reconstruiu um Ego, lá onde o Imaginário se encontrava desligado, conseguindo com isso resgatar algo da ordem de sua imagem do corpo, necessária para fornecer-lhe um eu, uma identidade. Joyce, encarnando o espírito do artista, situava-se na posição da mais extrema singularidade. Sozinho diante da inexistência da relação sexual, o autor de *Exilados* operava, por meio da escritura, um bordejamento do buraco do Simbólico, fazendo assim ex-sistir a falta, garantindo dessa forma o evitamento do mau encontro com um Outro absoluto, ele que sempre sustentou ser a Irlanda, seu país natal, dominada por dois senhores, o Império Britânico e a Santa Igreja Católica Apostólica Romana. A língua que o escritor dissolvia em seus livros era, portanto, a do opressor e, para Lacan, a cada dia que Joyce se debruçava horas a fio em cima de seus textos, eram as palavras impostas que a ele cabia remodelar, tornando-se sujeito do processo que ameaçava sempre derrubá-lo. O nó de Joyce, portanto, permite a Lacan, articulando a topologia dos nós, abrir para a psicanálise uma nova clínica das psicoses, na medida em que, dentro da perspectiva apresentada no seminário III, o analista deveria ocupar frente ao psicótico a posição de secretário do alienado, ajudando o analisando a moderar o gozo, especificamente pela via da construção de uma metáfora delirante, recurso para tornar o sujeito minimamente capaz de situar-se no interior da ordem simbólica e, assim, utilizar a linguagem a fim de produzir efeitos de sentido.

Com o seminário XXIII, responsável pela elaboração do conceito de sinthoma, tornou-se possível postular uma direção do tratamento das psicoses que dispense o recurso do delírio, privilegiando-se antes a construção, pelo analisando, de um sinthoma com o qual se identifique, e que permita manter junto o seu nó, evitando a crise e possibilitando ao mesmo a articulação de algo da ordem de seu desejo.

CAPÍTULO I

LINGÜISTERIA

Com Freud, a psicanálise surge como um método de tratamento e investigação das psicopatologias, e a originalidade do campo que então se abre deriva da constatação freudiana de que a mente é afetada, governada mesmo por processos lingüísticos. Breuer já havia acenado com o tratamento catártico para as histerias, em que a fala operaria enquanto um instrumento para descarregar tensões psíquicas, e a aplicação, por Freud, deste método terapêutico o leva a se dar conta da natureza simbólica da sintomatologia nas neuropsicoses (histéricas, obsessivas e psicóticas). O sintoma conversivo como um símbolo mnemônico de uma ou mais experiências traumáticas vividas pelo neurótico vem apontar para uma nova compreensão das patologias psíquicas. À dificuldade e ao mal-estar produzidos no campo médico, pela histeria, derivados da inexistência de uma causalidade orgânica a responder pela etiologia da doença, por conta da ausência de lesão anatômica, a perspectiva freudiana vem responder por meio da descoberta das razões e causas simbólicas na origem das psicopatologias.

Através da hipótese do inconsciente, tornava-se possível deixar de lado tanto o naturalismo da medicina quanto o introspeccionismo psicológico, posto que Freud não propunha simplesmente buscar compreender as razões do doente. Antes, sua originalidade residia no reconhecimento de que entre idéias não vigora somente o plano das razões, mas sim que idéias podem ser causas de outras idéias e ações[1]. É justamente esta hipótese que o leva a propor um modelo de aparelho psíquico dividido em instâncias, isto é, não mais o dualismo platônico da racionalidade mental universal *versus* a irracionalidade dos apetites corporais, mas antes a subjetividade pensada enquanto uma comunidade mais ou menos consistente e articulada de unidades subjetivas relativamente autônomas entre si e dotadas de coerência interna. A existência de pensamentos inconscientes dotados de racionalidade e coerência, porém inacessíveis à introspecção, respondia pela causalidade psíquica. Assim, uma dificuldade na marcha apresentada por uma paciente histérica será interpretada, a partir da história e das associações da neurótica, como a expressão não reconhecida de um "mau passo" dado pelo sujeito em questão. Uma vez restabelecido o contexto em que diversas instâncias psíquicas interagem, a causalidade pode ser articulada com as razões, fazendo retornar a inteligibilidade e a coerência para uma ação que, à primeira vista, apresentava todos os indícios de irracionalidade.

O conjunto destas experiências clínicas conduziu Freud a apreender a função da linguagem, principalmente, como um aparelho eficaz na regulação das tensões mentais, organizando e reorganizando incessantemente o psiquismo. Neste sentido, podemos dizer que, apesar da importância da teoria catártica, o modelo de aparelho psíquico freudiano supõe a fala como uma função constitutiva, posto que, sem a representação de palavra, o aparelho psíquico não chega a se organizar.

Partindo do paradigma então vigente que sustentava a tripartição da experiência humana entre sensações corporais ou signos perceptivos, imagens mentais e palavras, Freud reconhece na atividade psíquica uma dimensão processual em operação, no sentido de produzir uma organização mental cada vez mais complexa, ou seja, parte-se dos signos perceptivos ou sensações corporais, que constituem um fluxo difuso de impressões psicológicas, para as imagens, consideradas como uma primeira linguagem, primitiva, capaz de proporcionar uma aglutinação em

1 Davidson, "Paradoxes of Irrationality", in *Philosophical essays on Freud*, R. Wolheim (org.), Cambridge Press, 1982.

feixes deste fluxo indiferenciado inicial. A linguagem propriamente dita, verbal, representaria, então, o ápice nesta hierarquia mental, pois, devido a sua organização sintática e discursiva, molda e reformula as vivências segundo suas próprias leis, mantendo, dessa forma, um regime até certo ponto disciplinado para os impulsos psíquicos. Estamos na concepção freudiana dos processos primário e secundário do funcionamento mental. Submeter a experiência perceptiva às leis organizacionais da linguagem é fazer o aparelho psíquico operar segundo o modo secundário.

A terapia proposta por Freud consiste justamente na possibilidade de recuperar as vivências – não necessariamente lingüísticas – que atuaram de forma traumática em um primeiro momento e que por isto mesmo foram submetidas a procedimentos primários de defesa psíquica, recondicionando tais vivências através dos processos lingüísticos, o que permitiria uma reorganização do psiquismo no sentido de tornar compatíveis essas vivências com o restante das crenças do sujeito. Tal compatibilização permitiria, por sua vez, formular um novo encaminhamento para uma contradição que até então se havia mostrado mortal para a manutenção da coerência mínima requisitada pelo aparelho psíquico. Em seu texto de 1891, sobre as afasias, Freud sustenta que a unidade semântica mínima corresponde à associação entre uma representação de palavra e uma representação de objeto, imagem e palavra se associando para produzir sentidos; eis o princípio de que Freud se serve para a construção de seu modelo de aparelho psíquico. As imagens de que se serve o psiquismo, é preciso esclarecer, não são espelhos do mundo externo, pois essa conceituação freudiana é marcada pela reflexão kantiana, que veio pontuar a impossibilidade de acordo entre os esquemas mentais e os conteúdos empíricos. Freud deixa clara esta influência kantiana quando sustenta, em seu *Projeto de uma psicologia para neurólogos*, que *das Ding*, a coisa do mundo, está perdida para sempre enquanto possibilidade de representação pelo aparelho psíquico.

FREUD: HERMENÊUTICA E NATURALISMO

O modo freudiano de conceber a produção de sentidos encontra um paralelo interessante na obra de outro pensador contemporâneo,

Nietzsche, cuja filosofia se mostra muito afinada com a psicanálise. Com efeito, em seu célebre texto *Sobre a verdade e a mentira em um sentido extra-moral* – de 1881 –, Nietzsche explicitamente utiliza este modelo tripartite de sensação/imagem/palavra para sustentar as primeiras de uma longa série de críticas à moral cristã e à tradição filosófica ocidental nascida entre os gregos. São as palavras, ao se associarem às imagens, que, segundo o filósofo, produzem a significação. Este pensador, entretanto, apresenta uma diferença importante em relação a Freud quanto à concepção de linguagem, uma vez que, no mesmo texto citado, sustenta que a linguagem é retórica, pois, ao associar palavras e imagens, cada língua o faz à sua maneira. Dessa forma, usando como exemplo a imagem da serpente, Nietzsche vai dizer que, em uma dada língua, o que será destacado da imagem da serpente será o ato de serpentear. Em outra língua, a mesma imagem dará origem a uma palavra que nomeia o brilho dos olhos do animal. Outra língua ainda destacará na mesma imagem a capacidade de constrição da serpente. Destes exemplos, se depreende que as palavras, para Nietzsche, relacionam-se não com a imagem total, mas antes com um aspecto da imagem, e é daí que o filósofo partirá para sustentar a noção filosófica do perspectivismo.

Freud, por outro lado, apesar de, no texto citado, referir-se à noção de unidade mínima de significação, deixa bem clara, em *Interpretação dos sonhos*, a importância crucial que o associacionismo ocupa em sua concepção de linguagem. No uso peculiar que faz Freud do atomismo, as representações não ocorrem isoladamente, mas sempre articuladas em complexos associativos; conseqüentemente, se a unidade semântica mínima é a vinculação de uma representação imagética com uma representação de palavra, esta unidade praticamente não é encontrável no psiquismo, o qual opera sempre através de uma trama de representações. Neste texto, Freud apresenta a noção de sobredeterminação psíquica.

Lembremo-nos da idéia freudiana do umbigo do sonho, ponto de interrupção do processo interpretativo, uma vez que, de associação em associação, a análise dos pensamentos inconscientes nos leva a um verdadeiro nó de representações, em que as idéias remetem a uma trama inapreensível de associações, marcando um limite à contextualização do sonho. Dentro da trama de representações associadas, as relações entre representações se dão por deslocamento e condensação, de maneira que a atividade mental está sempre a criar novos sentidos. A própria idéia freudiana de que o sonho é uma atividade de escritura faz ver que a representação imagética onírica não remete a uma palavra que a nomearia, dando-lhe sentido. Antes, trata-se, no sonho, de traços que, de forma arbitrária, isto é, segundo regras que pertencem ao próprio psiquismo do sonhador, remetem a complexos associativos que serão então capazes de proporcionar significação aos traços sonhados. Está em jogo neste caso toda a diferença que Freud estabelece entre *Vorstellung* e *Vorstellungrepresentaz*, ou seja, entre a representação e o representante da representação.

Dessa forma, a concepção freudiana de memória jamais será a de um acesso direto à referência de um termo; antes, a atividade de memorização se estratifica em camadas psíquicas, cada camada respondendo por um complexo associativo coerente, organizado em torno de uma modalidade desejante. Esta estratificação impõe ao psiquismo um perspectivismo, posto que a mesma experiência, a mesma representação perceptiva receberá uma atribuição de sentido de acordo com o modo específico de descrição que caracteriza cada um dos estratos psíquicos, sempre em um sentido hierárquico.

Podemos exemplificar estas noções a partir do caso clínico, apresentado por Freud em seu texto "A disposição à neurose obsessiva" – de 1912 –, em que uma senhora, até então satisfeita com seu casamento, começa a apresentar sintomas neuróticos a partir da constatação da esterilidade do casal, após um prolongado período marcado pelas tentativas sucessivas e infrutíferas de engravidar. Resumindo a argumentação freudiana no texto citado, diremos o seguinte: a senhora, que até então alimentava o desejo de ter um filho, desejo que na teoria freudiana pressupõe uma complexa organização psíquica, sofre a frustração por não poder tê-lo. Na impossibilidade de se manter neste nível de organização desejante genital, devido ao acréscimo de tensão ocasionado pela não-realização do desejo e pela fragilidade subjetiva específica desta senhora, ocorre uma regressão psíquica, de forma que a atividade desejante da paciente irá se organizar doravante segundo um modo mais primitivo, o modo fálico, no qual se manifesta como o desejo de ter o falo, o que implica querer castrar o marido. Ocorre, então, que o marido falha pela primeira vez durante o ato sexual, em muitos anos de casamento. A realização do desejo fálico de castrar o homem implica, para essa senhora, um novo conflito, pois agora ela consegue realizar seu desejo, mas isso produz um confronto com sua moralidade e com o amor pelas figuras masculinas que atravessaram sua vida, principalmente o pai. Em decorrência do novo conflito, agora não devido à frustração, mas à satisfação do desejo proibido, dá-se uma nova regressão, passando o desejo a se organizar segundo a lógica de um estrato ainda mais arcaico do psiquismo, o anal-sádico. Neste registro, o desejo se articula como a intenção de reter o objeto, dominá-lo, e até mesmo destruí-lo, se preciso for para evitar sua perda. A senhora então começa a apresentar uma série de sintomas tipicamente obsessivos, com ambivalência afetiva em relação ao marido, ansiedade e necessidade compulsiva de realização repetitiva ao longo do dia de uma série de rituais, como a limpeza das mãos, a arrumação perfeccionista da casa, etc.

Freud mostra, com este caso, como uma mesma situação de vida, uma mesma experiência é descrita através de formas bastante diferentes pela mesma pessoa, à medida que domina a cena psíquica um estrato mnemônico ou outro. Esta pluralidade de sentidos origina-se precisamente da articulação das representações em complexos associativos mais ou menos coerentes e com uma certa autonomia operativa em relação aos outros estratos. Eis a polissemia freudiana, responsável pela polêmica entre os intérpretes de Freud, a respeito da convivência, neste pensador, de um ponto de vista tanto cientificista quanto hermenêutico.

O lugar do Outro

Com o início da releitura lacaniana de Freud, a psicanálise passa por uma virada lingüística, Lacan demarcando sua posição a partir da constatação – ausente entre os pós-freudianos – da importância concedida às funções linguageiras desde o início da obra freudiana. Nesse sentido, refere-se, primeiramente, à tríade *Interpretação dos sonhos*, *Psicopatologia da vida cotidiana* (Freud, 1901) e *Os chistes e sua relação com o inconsciente* (Freud, 1905), mostrando que, à medida que se aprofunda no estudo do inconsciente enquanto um sistema, é com as leis da linguagem que Freud se depara, percebendo em seguida que esta presença da reflexão lingüística atravessa na verdade não só estes livros, mas toda a obra do mesmo. Cito:

> A obra completa de Freud nos apresenta uma página de referências filológicas a cada três páginas, uma página de inferências lógicas a cada duas páginas e, por toda parte, uma apreensão dialética da experiência, vindo a analítica linguageira reforçar ainda mais suas proporções à medida que o inconsciente vai sendo mais diretamente implicado[2].

Esta ênfase lacaniana na afirmação de que o que define a constituição psíquica é a relação do sujeito com a cadeia significante surge concomitantemente à proposição dos conceitos de registros da experiência humana, em 53, quando Lacan sustenta a repartição da mesma em três registros, a saber, Real, Simbólico e Imaginário, repartição que, dentro do ponto de vista estrutural que é o seu neste período de sua elaboração, implica a ênfase no registro Simbólico, ao qual Lacan costumava também se referir como a ordem simbólica, ou o Outro, posto que tal registro, embora distinto dos outros dois, é pensado como a matriz, o gerador de Real e Imaginário, o primeiro sendo pensado enquanto os pontos de falha da articulação simbólica, como aquilo que é expulso pela cadeia e que, no furo deixado, faz tropeçar a seqüência da cadeia significante, e o segundo correspondendo aos momentos de condensação da dinâmica simbólica que vigora entre os significantes, estas condensações se apresentando através das imagens e dos efeitos de sentido produzidos pela articulação significante.

Quando Lacan propõe a distinção entre o outro e o Outro, apresentando-a através de seu esquema L da comunicação, uma importante etapa de sua elaboração teórica é ordenada. Com efeito, este esquema

---

2 Lacan, J., "Instância da letra no inconsciente", in *Escritos*, J. Zahar, Rio de Janeiro, 1997.

concentra um dos aspectos essenciais do ensino lacaniano da década de 50, enunciando a relação entre o Outro e o sujeito, condição da fala plena – conceito que será abandonado posteriormente, posto que não pode haver fala plena se o Outro é marcado por um furo real –, fala que é a todo tempo obstaculizada pelo muro da linguagem, o eixo imaginário, em que os semelhantes se comunicam, a partir das imagens de seus eus. A relação entre os semelhantes ofusca o fato de que para haver diálogo entre sujeitos não bastam dois interlocutores em interação. Muito pelo contrário, o diálogo até dispensa a presença dos mesmos, sendo amplamente viável a partir do escrito que alguém lê de um outro. Por outro lado, a fala seria sempre absolutamente vazia se não houvesse um Outro, um terceiro enquanto lugar simbólico de articulação das leis da linguagem que sustenta as falas pronunciadas entre os interlocutores e que, dessa forma, permite a utilização regrada da língua. O eixo imaginário ofusca, portanto, na medida em que os sentidos parecem circular entre dois, sustentando-se a partir do eu de cada um.

O Outro, então, opera como um ponto de referência simbólica, a partir do qual, Lacan dirá, cada sujeito recebe sua própria mensagem, ou seja, a fala que o sujeito emite, e que produz um efeito sobre os outros, só assume sua efetividade na medida em que é sancionada pelo Outro, o que faz portanto com que o sujeito receba sua própria mensagem sob forma invertida. Assim, através do Outro, o sujeito é constituído em sua própria enunciação, que lhe retorna transformando-o. Sem o Outro, os outros permaneceriam absolutamente em errância e suas falas jamais poderiam produzir efeitos de sujeito, uma vez que estariam condenadas a permanecer aquém da significação de seu ser, assumindo, na melhor das hipóteses, uma estrutura de alusão, em um cercamento infindável de um sujeito irremediavelmente não-nascido. O Outro da linguagem, portanto, é constitutivo da subjetividade, e Lacan sempre irá enfatizar que o que distingue a espécie humana dos outros animais reside no fato de que o homem se caracteriza essencialmente pelo fato de que é um ser falante.

O inconsciente e as leis da linguagem

Retomando a metapsicologia freudiana, Lacan encontrará, nos processos característicos das relações entre as representações, a saber, o deslocamento e a condensação, as figuras de linguagem correspondentes à metonímia e à metáfora. O deslocamento, que Freud define pela transposição do investimento de uma representação para outra, é equivalente às conexões entre os termos lingüísticos, em que um novo sentido não é produzido. O estilo realista em literatura, em que o narrador se esmera em descrever minuciosamente o que o personagem vê, ilustra o processo metonímico, o deslocamento, que fica circulando em torno de uma cena sem metaforizá-la. A metáfora, Lacan a encontra, em termos metapsicológicos, na condensação, na medida em que esta, ao aglutinar diversas representações, atribui à representação um novo sentido, suprimindo a significação anterior. Como Freud expõe muitas vezes em seu livro sobre os sonhos, a superposição de imagens é criadora de sentidos, como se depreende do relato dos pacientes acerca de suas condensações oníricas. Para ilustrar a metáfora e assim chegar à condensação, Lacan, em 57, em "Instância da letra no inconsciente", refere-se ao verso de Victor Hugo, referente a Booz, o ancião, que, apesar da idade avançada, surpreendentemente engravida sua mulher. Diz o verso "Seu feixe não era avaro nem odiento", referindo-se à fecundidade de seu membro viril. "Seu feixe" veio substituir Booz, ou, na terminologia freudiana, justapor-se a este, com isso colocando em parênteses a significação anterior associada a esse nome e, nesse sentido, promoveu uma criação metafórica, uma centelha poética.

Ainda neste período de seu ensino, entre 56 e 58, Lacan dará em seus seminários ainda maior importância à operação metafórica, associando-a à função paterna, enquanto operação de metaforização do desejo materno, o qual se apresenta a princípio de forma enigmática para a criança que foi desalojada de sua posição de exceção junto à mãe. A metáfora será pensada, alguns anos depois, no final da década de 60, quando Lacan se detém a fim de interrogar a relação da linguagem com a escritura, como a própria operação de criação da linguagem humana, simultânea ao surgimento dos traços de escritura, uma vez que, para passar de uma linguagem que seja do estatuto tão somente do signo para o nível significante, na medida em que o significante, tal como Lacan o sustenta, não significa nada, é preciso justamente o recurso metafórico que, em um primeiro momento, nadifica um signo, transformando-o em significante à medida que lhe permite assumir novos sentidos. Essa possibilidade de assumir muitos sentidos é precisamente o que distingue o significante do signo, o que comparece justamente nas definições lacanianas, o signo como aquilo que significa algo para alguém, e o significante como aquilo que representa um sujeito para outro significante.

O Homem dos Lobos nos limites da estrutura

Apesar da forte equivalência conceitual presente na releitura lingüística lacaniana com uma série de mecanismos metapsicológicos freudianos, é preciso deixar claro que a perspectiva estrutural que Lacan vai inicialmente buscar em Saussure – empréstimo que não passou sem uma subversão, como veremos adiante – não comparece tal e qual em Freud. Com efeito, Freud não é um estruturalista *avant la lettre*. O ponto de vista freudiano, por propor ao mesmo tempo a positividade tanto da unidade representacional – tomada como entidade autônoma – quanto da rede associativa, se distancia do ponto de vista estrutural, ao mesmo tempo que deixa muitos apoios para tal leitura. A preocupação freudiana com a necessidade de, diante de um fenômeno psíquico, uma psicopatologia, por exemplo, encontrar um mecanismo específico que o caracterize se apresenta como um excelente ponto de apoio para uma leitura estrutural, e Lacan não desperdiçará este balizamento freudiano, estabelecendo, a partir das conceituações de Freud, a *Verdrangung*, a *Verleugnung* e a *Verwerfung*, a saber, recalque, desmentido e rejeição ou foraclusão na terminologia lacaniana, como os mecanismos estruturais que especificam, respectivamente, neurose, perversão e psicose.

Entretanto, se tomarmos por exemplo o caso freudiano do Homem dos Lobos, que Freud diagnostica como um caso grave de neurose obsessiva, constataremos que, neste paciente, neurótico, convivem mecanismos psíquicos muito distintos, como a *Verdrangung* e a *Verwerfung*, isto é, a dúvida obsessiva e a rejeição da representação da castração, tal como o episódio da alucinação do dedo cortado nos mostra. Freud não parece nem um pouco incomodado, no texto, com a convivência destes dois mecanismos que, do ponto de vista lacaniano, especificam duas estruturas distintas. Como a teoria freudiana trabalha freqüentemente com a noção de complexos associativos, a idéia da convivência de uma faceta psicótica do psiquismo com um conjunto predominantemente neurótico não parece causar sérios problemas teóricos. Ele deixa, aliás, bem claro neste texto que o psiquismo do Homem dos Lobos se divide em três correntes libidinais mais importantes: uma consciente, ligada ao seu narcisismo viril, uma inconsciente, marcada pela escolha homossexual e reconhecendo para tanto o requisito da aceitação da castração embutida na posição feminina, e uma terceira corrente libidinal, mais arcaica, sustentada em uma radical rejeição da castração, uma *Verwerfung*, associada, por sua vez, a uma teoria cloacal primária, em que os dois sexos não se distinguem. Do ponto de vista lacaniano, por outro lado, uma estrutura pode até comportar sintomas típicos de outra estrutura psíquica, mas não é possível haver convivência entre várias estruturas, tal como se concluiria de uma releitura lacaniana do caso do Homem dos Lobos. Com isso, estamos apenas dizendo que, de Freud a Lacan, há mudança de paradigma, e não simples continuação de um esforço teórico clínico a partir de um mesmo horizonte conceitual.

Como havíamos dito, é em Saussure que Lacan irá buscar o algoritmo que fundará sua leitura do inconsciente estruturado como uma linguagem. O ponto de partida saussureano consistiu no distanciamento teórico dos estudos de gramática histórica que constituíam a enorme maioria dos trabalhos lingüísticos da época, no começo do século 20, e que se caracterizavam pelo estudo das transformações morfológicas e gramaticais sofridas pelas línguas ao longo do tempo. A Saussure, por outro lado, interessava pesquisar as propriedades lógicas das línguas, e é em função desta escolha que o lingüista irá se servir de uma série de dicotomias filosóficas, no intuito de delimitar com acurácia seu objeto de estudo, permitindo-lhe interrogar logicamente os mecanismos das línguas. Saussure define a linguagem como língua mais fala e decide estudar tão somente a língua em suas propriedades internas, posto que a fala, por incluir a situação social de uso da linguagem, se apresenta como um objeto por demais heteróclito. A língua, então, será tomada como sistema de signos, signos que se definem somente a partir do conjunto e que assumem seu valor lingüístico tão somente pelo fato de que se organizam em um sistema oposicional. Um signo, segundo Saussure, é a união de um significante e um significado e é, ao mesmo tempo, tudo aquilo que os outros signos não são.

Esse ponto de vista teórico, portanto, se distancia consideravelmente da concepção, forte na época, segundo a qual a língua seria uma nomenclatura, isto é, um conjunto de etiquetas que serviriam para denotar objetos do mundo. Usando entre outras a metáfora do xadrez, Saussure mostrará que o valor lingüístico é tributário de um jogo de diferenças, em que o signo depende, para receber seu valor, seu significado, da posição por ele ocupada relativamente aos outros signos, isto é, depende do lugar ocupado dentro do sistema. Assim, na língua como no jogo de xadrez, basta mudar uma peça de seu lugar no tabuleiro, e não somente esta peça, mas também todas as outras peças do jogo assumem um novo valor. É essa dependência posicional que define a noção saussureana de sistema. O signo, então, carece de positividade, posto que só a recebe de sua oposição aos outros signos.

Esta concepção estrutural ou sistemática da língua dará o ponto de partida para o movimento estruturalista, cuja vigência abrange o período de 1940 a 1960, aproximadamente, e que terá em Lacan o representante deste ponto de vista estrutural na psicanálise, embora a filiação lacaniana a tal movimento tão importante no âmbito das ciências humanas tenha sido bastante peculiar, a subversão operando desde o início, o que até hoje ainda gera muitos cuidados quando se decide sustentar em que tipo de movimento no interior das ciências humanas Lacan poderia ser incluído. Com certeza, e nós veremos por que, ao estruturalismo Lacan não pode ser associado, posto que sua noção de estrutura é, segundo sua teorização, quaternária, incluindo pontos de impossibilidade de articulação entre os significantes, pontos estes que não comparecem no estruturalismo clássico, o que ficará mais claro adiante. Mesmo na corrente pós-estruturalista, embora mais compatível, não se pode, sem maiores cuidados, incluí-lo.

Essa precaução, por sua vez, se liga à originalidade da interação por ele produzida entre os diversos saberes dos quais se serve para reler Freud a partir de seu ponto de vista específico. Assim como em Freud, a teoria lacaniana deita suas raízes em uma série de saberes de sua época, ao mesmo tempo que apresenta um posicionamento singular, marcado pela originalidade. Partindo então de Saussure e promovendo modificações conceituais, Lacan outorgará a primazia na constituição da língua ao significante, colocando o significado como um efeito da articulação entre significantes e situando a cadeia significante como a efetiva matriz simbólica. Em seu texto de 1966 dos *Escritos*, "Seminário sobre a carta roubada", sustentará que a cadeia significante governa a trajetória da subjetividade, afirmando que, aos sujeitos inseridos em um sistema simbólico, não lhes cabe senão seguir o desfiladeiro dos significantes. Este ponto de vista está intimamente associado à noção de que a ordem simbólica determina, em seus jogos de oposições entre os significantes, os lugares simbólicos que preexistem aos sujeitos que vêm ocupá-los. Os significantes, portanto, não operam sozinhos, mas sempre em oposições, posto que são pura diferença, e é preciso ao menos dois deles para produzir um efeito de sentido.

AS PROPRIEDADES FORMAIS DA ESTRUTURA

Há um texto clássico de 66, de Deleuze, o filósofo francês, intitulado "Em que se pode reconhecer o Estruturalismo", que apresenta bem alguns elementos da concepção estrutural lacaniana e que já aponta para a diferença entre o estruturalismo, tal qual este surgiu, e as variantes utilizadas por vários pensadores das ciências humanas da época. Deleuze, neste texto, procura listar os principais critérios formais que se podem extrair do pensamento estruturalista, e assim os enumera: 1– A ordem simbólica; 2– O diferencial; 3– O diferenciante; 4– As singularidades; 5– O serial; 6– O objeto paradoxal da estrutura; 7– A casa vazia. Os quatro primeiros critérios já foram acima abordados a partir da descrição dos conceitos saussureanos e lacanianos, enquanto os três últimos, por sua vez, nos interessam, na medida em que nos auxiliam a refletir acerca das relações entre inconsciente, estrutura e linguagem. O critério serial, em linhas gerais, sustenta que a estrutura não é estática, mas apresenta uma dinâmica, e que se desenvolve portanto em séries que se inter-relacionam através de equivalências estruturais. Para haver estrutura, sustenta Deleuze, são precisas ao menos duas séries, sendo que cada uma delas é fruto de deslocamentos produzidos em relação à série anterior.

No texto lacaniano que citamos acima, o "Seminário sobre a carta roubada", Lacan vem mostrar que o texto de Edgar Alain Poe "A carta roubada" expõe um sistema, uma estrutura organizada em duas séries, duas cenas, as quais se relacionam estruturalmente na medida em que a segunda se mostra ser um deslocamento da primeira. Assim, se na primeira cena temos o rei, a rainha, o ministro e a carta roubada que é o pivô de toda a estória, na medida em que a mesma é tomada sorrateiramente da rainha pelo ministro e sua revelação traria sérios abalos à aliança real; na segunda cena teremos a polícia, o ministro, o detetive Dupin e novamente a carta roubada, que será recuperada pelo investigador junto ao ministro. O interesse do texto de Poe, para Lacan, consiste na ilustração de uma estrutura significante que se pode depreender da trama em que a carta ocupa o lugar central. Apesar dos vários personagens que atravessam a estória, são apenas três os lugares simbólicos a serem ocupados pelos sujeitos, além da carta, que funciona como quarto termo e cujo texto se mantém todo o tempo uma incógnita, Lacan destacando que a carta opera justamente na medida em que nada significa, mas que pode significar muitas coisas, sendo este potencial o que define seu valor. As três posições em jogo sofrem então um revezamento e Lacan chama a atenção para o fato de que a posição define o comportamento do personagem. Isso fica muito explícito com relação ao ministro, muito ativo e perspicaz na primeira cena e entediado e em parte ofuscado na segunda cena, essa mudança devendo-se, precisamente, à posse da carta, que o leva da terceira para a segunda posição. Quem define as séries, com suas respectivas posições, é, portanto, a carta roubada que, em seus deslocamentos, marca a mudança de série.

Lacan irá pensar o próprio percurso de um sujeito em análise como o atravessamento de uma série simbólica e a demanda de análise comparece precisamente no momento de um deslocamento, de uma mudança de posição, na produção de uma nova série, todo o problema dos sujeitos sendo o de poder realizar estas passagens satisfatoriamente. Os desencadeamentos de psicopatologias, conseqüentemente, se dão precisamente nestes momentos em que o sujeito é convocado a se deslocar, a se reposicionar, a produzir uma nova série subjetiva, quando comparece, como veremos em seguida, a castração simbólica e tal deslocamento provoca uma recrudescência dos conflitos psíquicos.

O sexto e o sétimo critérios são intimamente relacionados e dizem respeito ao elemento terceiro, simbólico que, ao faltar em seu lugar, organiza todas as posições na estrutura. Se Deleuze inicia o texto com o primeiro critério, o da ordem simbólica, para além de real e imaginário, mostrando que se trata de uma ordem terceira, esse critério é retomado no final, para pensar justamente a função do objeto paradoxal e da casa vazia. Com efeito, a estrutura, para Lacan, entre outros, comporta o terceiro elemento, simbólico, não somente como o lugar das leis que organizam uma relação, tal como um sistema de regras elementares do parentesco, em Lévi-Strauss, mas também como elemento paradoxal. A estrutura, para o psicanalista, é heterogênea, na medida em que comporta um elemento que apresenta propriedades estranhas aos outros elementos do sistema. O paradoxo estrutural reside no fato de que aquilo que organiza o sistema se mostra contraditório, ponto de vista muito diferente das reflexões linguageiras que pressupõem a clareza e a nitidez das regras de uso da linguagem como ponto de partida. Este elemento terceiro, portanto, comparece no trabalho estrutural, embora sua operação permaneça camuflada, ou suturada, para usar o termo de J. Alain Miller, em seu texto "A sutura" – de 1964 –, onde mostra que a paradoxalidade da estrutura permanece esquecida por conta da substituição do termo aberrante, necessário para a estruturação, por um termo neutro da estrutura, que funciona como se fosse igual aos outros, mas que, olhado de perto, expõe sua não-linearidade.

Para entendermos o porquê da necessidade da existência de um termo terceiro não-linear, será preciso apreendermos as conseqüências, a princípio não tão óbvias, embutidas no fato de se tomar o sistema da língua como sustentado a partir de um jogo de diferenças. É interessante que Saussure, após realizar um longo desenvolvimento teórico em seu *Curso*, em que mostra que o signo é sem positividade, é uma pura diferença, pareça por um momento contradizer-se, afirmando que o signo, enquanto união de significante e significado, é sim uma unidade positiva. Esta contradição em Saussure, que Derrida aponta, desconstruindo, a fim de levar à frente os princípios saussureanos, é justamente o ponto nevrálgico da questão, que vem mostrar a virulência embutida na mera idéia retomada por Lacan de que o significante é pura diferença.

Com efeito, um corolário desta proposição é que o significante, por ser pura diferença, não é idêntico a si, é diferente até de si mesmo. Como Miller mostrou no texto acima citado, se um elemento não é idêntico nem a si mesmo, então a noção de verdade fica abolida, posto que o verdadeiro é uma noção intimamente ligada ao princípio de identidade, ao permitir a substituição dos idênticos entre si. A pura diferença, portanto, ao abolir a verdade e a identidade, ameaça dessa forma a própria possibilidade de se usar a língua sem produzir uma enorme confusão e mistura entre os termos, na medida em que, se não há identidade, então também não se pode minimamente sustentar a distinção entre um termo e outro da língua. Em uma palavra, a noção de pura diferença, paradoxalmente, leva à pura mistura entre os elementos que já não podem mais ser distinguidos uns dos outros. A estrutura que comporta um elemento paradoxal, se pensada então em relação à noção de pura diferença, constitui-se antes como uma domesticação, uma focalização benéfica de uma paradoxalidade que ameaçava espalhar-se por todos os pontos do sistema.

É neste sentido então que Lacan, retomando Freud, vai explicar aquilo que no texto de Deleuze permanece apenas descrito fenomenologicamente, ou seja, que para se trabalhar no nível estrutural, permanecendo assim mesmo capaz de produzir categorias distintas, dotadas de um mínimo de estabilidade semântica, é preciso localizar um ponto, concentrar em um elemento, que é justamente convocado a fim de apresentar uma dupla face, toda a contradição gerada a partir do próprio sistema. Esse elemento paradoxal da estrutura, ao mesmo tempo que é convocado é excluído da convivência com os outros termos e sua ausência irá garantir aos outros elementos um mínimo de nitidez, de identidade. Miller mostra esses procedimentos estruturais dentro do sistema aritmético, retomado de Frege, apontando que a geração dos números naturais, o seu engendramento, depende de uma operação em que o zero absoluto, a pura ausência, é convocado pelo sistema e transformado em conceito, ao mesmo tempo que passa a operar como um número qualquer do sistema. Do conceito de zero não idêntico a si, posto que não subsume nenhum objeto do mundo, ao conceito de zero número natural, Miller expõe toda essa passagem de construção da estruturalidade, na medida em que o próprio nada se torna, de certa forma, elemento do sistema. Dessa forma, o zero absoluto, idêntico à pura diferença, é trazido para a dimensão da estruturalidade, alcançando, com isso, domesticar a ameaça que o nada representa para a possibilidade de positividade embutida na noção numérica.

Freud, em seu texto metapsicológico "O recalque", mostrou que, para que se constitua uma hierarquia entre elementos que, até então, ocupavam lugares semelhantes dentro da série dos objetos eleitos pela criança, é preciso justamente a operação do recalcamento. A exclusão do elemento terceiro, então, permite ao sujeito esquecer que a distinção estabelecida entre as fezes e o brinquedo, doravante tomados respectivamente como o abjeto e o ideal, é dependente de um esquecimento originário, na medida em que aquilo que faz com que estes dois elementos se aproximem, comunguem de um mesmo estatuto foi apagado, garantindo a subsistência da hierarquia recém definida. Veremos, no último capítulo deste livro, em que se estuda a obra de James Joyce, a quem Lacan supõe uma estrutura subjetiva psicótica, a qual carece da operação estruturante que é a do recalque originário, que uma característica das mais importantes da obra joyceana consiste precisamente na utilização recorrente dos oxímoros, a convivência às vezes perturbadora de elementos radicalmente contraditórios, que o escritor costumava justapor no mesmo personagem, trazendo dificuldades para o leitor. É esta possibilidade constante de perturbação que a exclusão do terceiro evita.

Nesse sentido, se Lacan sustenta, com outros estruturalistas, que a ordem simbólica é terceira e é organizadora do sistema, todavia se distancia do estruturalismo ao sustentar que o elemento organizador só o é por conta de condensar em si toda a contradição do sistema. Como veremos no capítulo 4 deste livro, a função paterna, do ponto de vista psicanalítico, é precisamente a de encarnar a exceção, encarnar o elemento de dupla face, a saber, a de representante da castração, ao mesmo tempo que o único a negá-la, e é somente ao assumir tal condição, concomitantemente a sua própria exclusão do sistema que funda, posto que, como Freud afirmava, o pai que opera para a psicanálise é o pai morto, que então garante o funcionamento satisfatório da estrutura.

Não é à-toa que Freud, das neuroses às psicoses, encontrava o sujeito sempre às voltas com o complexo paterno; sejam as histéricas e seu amor incondicional ao Pai, seja o paranóico, com Schreber, cuja intensa atividade delirante girava sempre em torno da figura de Deus Pai, com quem procurava a todo custo alcançar um ponto de acordo capaz de pôr fim ao conflito psíquico que o levou a cair doente. É então através de seu movimento de afastamento, de renúncia, que o elemento terceiro permite a estruturação da cadeia. Compreende-se, assim, a função da casa vazia, o furo da estrutura que garante a mobilidade, a dinâmica dos elementos, e o conseqüente desdobramento estrutural das séries. Sem a casa vazia, que surge precisamente pelo afastamento do elemento terceiro, haveria estagnação do sistema.

A TRINDADE NAS LÍNGUAS

É interessante cotejar estas reflexões estruturais psicanalíticas com os célebres apontamentos de Benveniste, quando este se propõe a pensar a questão da subjetividade na linguagem, em seu *Problemas de lingüística geral* – de 1972. Benveniste analisa então as categorias lingüísticas das pessoas verbais, concentrando-se então nas três pessoas. Eu, Tu, Ele, que encontra em todas as línguas. Apesar de chamarmos os três pronomes de pessoais, o lingüista aponta que, de fato, são apenas duas as pessoas, Eu e Tu, enquanto o Ele encarna, propriamente, a função de não-pessoa, do impessoal, ou a pessoa ausente da situação de diálogo entre os dois interlocutores Eu e Tu em presença. Embora se coloquem os três termos em condições de equivalência, o terceiro termo, Ele, desempenha na verdade uma função de elemento neutro da língua, aquele que permite uma fala não marcada pela subjetividade, o que, se atentarmos bem, é fundamental para a boa distinção entre as duas pessoas. Se não houvesse uma terceira pessoa ausente, os dois, Eu e Tu, permaneceriam absolutamente confundidos em sua reversibilidade incontornável.

O que Benveniste nos mostra em operação no interior de cada língua se aproxima muito da estruturalidade que buscamos apreender no pensamento de J. Lacan. Com efeito, do ponto de vista psicanalítico, para que dois possam interagir sem perder suas individualidades, é preciso que um terceiro tenha aceitado encarnar a ausência, tenha aceitado incorporar a presença da morte, presentificando, dessa forma, um vazio fundador, uma ausência que é condição de existência para a subjetividade, o que Freud irá apontar com o conceito de castração, central em psicanálise, ponto ao qual Lacan aludirá, através da necessidade lógica, para a possibilidade da emergência de um sujeito, do esburacamento do Outro, da instituição de um lugar vazio em que se alojará este sujeito, lugar que o psicótico fica sempre a buscar, dificilmente encontrando. A trindade estrutural consiste, portanto, nesta incorporação da morte que é condição para a vida, e o elemento terceiro, paradoxal, é aquele que é designado para encarnar a morte no seio da estrutura.

No final da década de 60, em 68, mais precisamente, Lacan desenvolve um seminário intitulado *O avesso da psicanálise*, em que elabora a noção de discurso, através de uma formalização da estrutura linguageira que é o resultado de todo o esforço dos anos anteriores no sentido de se pensar as leis da cadeia significante. Alcança, então, uma formalização que encerra os elementos mínimos da estrutura, a saber, S_1, S_2, *a*, $\$$; respectivamente, o significante-mestre, o significante do saber do Outro ou bateria significante, o *objeto a*, mais-gozar, e o sujeito dividido.

A articulação destas quatro letras constitui, em suas variações recíprocas, a estruturalidade quaternária desenvolvida na teoria lacaniana. O significante-mestre, S_1, ocupa a posição do traço que identifica o sujeito, que o representa junto aos outros significantes da cadeia. Tal significante só pode operar na condição de que a estrutura tenha se estabelecido, ou seja, de que tenha havido o recalcamento originário, operação de fundação da terceiridade estrutural. Nos esquizofrênicos, que carecem do recalque originário, a clínica encontra sujeitos que não conseguem se identificar a partir de nenhum S_1, o que gera a deriva, a errância psicótica que estes pacientes testemunham. Ao significante-mestre se opõe o saber do Outro, S_2, que são os outros significantes da cadeia e fazem com que o sujeito, ao mesmo tempo, possa se servir do S_1, sem entretanto identificar-se radicalmente com o mesmo, o que implicaria a não-separação entre o significante-mestre e o *objeto a*, objeto condensador do gozo. A função de S_2 é, precisamente, ao se opor a S_1, fazer cair o gozo que mantinha o sujeito alienado ao discurso do Outro, posto que os S_1 vêm do discurso do Outro.

A articulação entre S_1 e S_2, se tem sucesso em produzir o recalque originário, gera pelo menos dois efeitos, a saber, o *fading*, o desvanecimento do sujeito, que se desidentifica, passando a ser dependente de um traço inconsciente, condição que determinará sua emergência esporádica na cadeia significante, através de uma percussão em eclipses, emergência que faz furo no discurso, posto que traz o elemento paradoxal para o céu aberto da discursividade. O segundo efeito, concomitante, da articulação entre S_1 e S_2 é a queda do *objeto a*, resto real da operação de causação do sujeito, gozo que precisa ser perdido a fim de que uma falta seja cavada no Outro, onde o sujeito irá se alojar. Nos psicóticos, em que tal queda não ocorre, falta justamente aquele elemento terceiro que encarne a morte, que presentifique a ausência.

Como veremos nos capítulos seguintes, todo o esforço do psicótico consiste na tentativa até desesperada de fazer existir essa falta, esse lugar de ausência, encarnado pelo Outro de quem o sujeito se destacou e que encerra em si o objeto agalmático, capaz supostamente de fazer retornar ao sujeito o gozo de que este teve de se separar a fim de existir como sujeito. Como vemos, esta noção lacaniana de estrutura quaternária implica uma estruturalidade que inclui a alteridade enquanto ponto de impossibilidade de simbolização, enquanto resto, e é neste sentido que o discurso, deste ponto de vista, deve girar em torno do objeto perdido por ocasião da causação do sujeito, o que nos mostra outra vez que é o elemento condensador do gozo que, ao cair, define a órbita discursiva, organizando a cadeia. O discurso maníaco, por sua vez, constitui um bom exemplo de uma fala que já não dispõe do objeto *a*, que foi perdido como ponto de orientação, de ancoramento discursivo, sendo marcado, então, precipuamente, pelo discorrer desenfreado dos significantes, sem qualquer pontuação e, conseqüentemente, sem poder gerar efeitos de sentido.

É importante destacar, entretanto, que a utilização do conceito de estrutura no interior das ciências humanas gera uma controvérsia, pois há aqueles que, dando maior ênfase a um ponto de vista historicista, vêem na estrutura um obstáculo à contextualização. Este debate, bastante relevante para quem, como nós, trabalha com o conceito de estrutura, desvia-se demasiado, entretanto, do escopo de nosso presente trabalho. Nesse sentido, aqueles que se interessarem em aprofundar-se em tal questão podem remeter-se ao texto de autoria do autor deste livro, intitulado "Que concepção de linguagem nos interessa para a abordagem das psicoses?" (Muniz Freire, 2001), no qual essa temática é desenvolvida, cotejando-se o ponto de vista psicanalítico com o pragmático.

O INCONSCIENTE É UMA ELUCUBRAÇÃO DA ALÍNGUA

À medida que avança em seu ensino, chegando à parte final de sua elaboração, Lacan passa a se concentrar de forma crescente no registro do Real e, dessa forma, sua atenção se desloca do significante e da estruturalidade para o estatuto da letra, definida então como aquilo que, sem entrar em jogos de oposição, faz litoral entre o saber e o gozo, como o traço de escritura que trata o gozo, a fim de que o mesmo possa ser significantizado. Antes, portanto, que o significante possa se articular em uma cadeia diferencial, Lacan se dá conta da necessidade de um trabalho da letra, trabalho de ciframento do gozo.

Assim como Freud, a partir da conceituação a respeito do além do princípio do prazer, dá-se conta de que o princípio do prazer é na verdade um princípio derivado, concluindo então que a primeira tarefa do aparelho psíquico, antes de ser governado pelo citado princípio, é vincular as energias psíquicas, produzindo articulação naquilo que se apresenta originariamente como desligado, energia livre, pulsão de morte, Lacan, dentro de seu contexto teórico, avança em direção semelhante a Freud, concluindo que os operadores fundamentais da estruturação subjetiva são da ordem da letra, mais que do significante. Freud já mostrava perceber a natureza cifrada dos elementos psíquicos inconscientes em seus casos clínicos, como o Homem dos Ratos, por exemplo, em que se dá conta de que o *Ratten*, muito próximo a um anagrama de Ernst, o nome do paciente, operava como uma matriz inconsciente, interferindo e determinando uma série de fenômenos psíquicos. É portanto de um jogo de letras no inconsciente que se originam os dizeres, para além dos ditos.

Quando Lacan se detém a fim de elaborar a função da escritura na psicanálise, faz alusões em seus seminários aos trabalhos de Leclaire, um discípulo seu, que apreendeu muito bem como o jogo da letra opera enquanto um nome inconsciente do sujeito, responsável por sua singularidade subjetiva. Nas psicoses, como veremos, o recurso à escritura é uma característica marcante, e a própria atividade delirante, que se mostra o fenômeno mais espetacular entre as manifestações psicóticas, na verdade ofusca um processamento muito mais decisivo para o destino do sujeito, e que diz respeito precisamente ao trabalho da letra. A esta altura de seu ensino, na década de 70, quando Lacan elabora a questão da inexistência da relação sexual, a noção de língua passa então a ser substituída pela de alíngua, alíngua enquanto conjunto de equívocos, como a somatória de todos os efeitos parasíticos, das irregularidades que fazem com que a língua seja um conjunto aberto, de qualquer ângulo que se queira tomá-la, seja sintático, semântico ou pragmático. Alíngua enquanto jogo da letra que faz litoral, para em seguida produzir semblantes do gozo.

O conceito lacaniano de fim de análise enquanto identificação do sujeito ao seu sintoma, como construção de um *sinthoma,* vai precisamente nesta direção de servir-se da letra para fazer borda ao gozo, mantendo dessa forma a presença da falta e, consequentemente, a amarração subjetiva. É nesta fase final do seu ensino que Lacan irá anunciar que seu ofício de analista, embora aparentado ao do lingüista, não se confunde com este. Para o analista, que se interroga acerca da relação do sujeito com alíngua, a lingüisteria fornece o campo em que se pode manifestar um corpo que goza da letra e que, assim fazendo, mantém-se no interior da cena da escritura.

Capítulo II

A Concepção Freudiana das Psicoses

A reflexão clínica e teórica acerca das psicoses ocupou o interesse de Freud desde os primórdios da construção do arcabouço conceitual psicanalítico. Sabemos que a tarefa que Freud se impôs inicialmente foi a de elaborar um modelo do funcionamento do aparelho psíquico capaz de dar conta tanto dos fenômenos normais quanto dos patológicos e que, nesse intuito, seu método sempre foi o de compreender o normal, que opera de maneira quase imperceptível, a partir do funcionamento patológico do aparelho, o qual, pelo fato mesmo de suas disfunções, expõe de forma privilegiada a articulação mental que, essencialmente, é a mesma da normalidade. A hipótese freudiana sempre foi de que não há distinção qualitativa entre normal e patológico, mas apenas diferenças de ordem quantitativa, o funcionamento patológico se caracterizando pela má gestão dos recursos psíquicos diante da mesma problemática que a mente normal consegue equacionar de forma minimamente satisfatória, isto é, sem gerar tensões psíquicas exacerbadas, determinantes mais imediatos das disfunções psíquicas. Neste ponto, Freud é peremptório: os processos psíquicos, em si, são sempre racionais, ou seja, buscam a satisfação do aparelho; apenas o conflito entre distintos processos psíquicos, cada um dotado de sua força específica, é capaz de produzir patologia, ou seja, comportamento irracional, irracionalidade sendo neste caso compreendida como busca daquilo que não é o seu bem, a satisfação do próprio sujeito. Somente o cérebro danificado seria capaz de agir essencialmente de forma irracional, segundo o pensamento freudiano desta época até a década de vinte.

É a partir desta hipótese inicial que se pode compreender a afirmação freudiana segundo a qual os sintomas neuróticos são comportamentos apenas aparentemente irracionais, assim como os sonhos também só superficialmente se apresentam como processos ininteligíveis. Nas neuroses, assim como nos sonhos, se desfizermos pela análise o efeito de deformação provocado pelo processo defensivo, chegaremos a pensamentos carregados de desejo que se expressam clara e logicamente, embora essa expressão lógica não tenha nenhuma consonância necessária com os costumes sociais aceitáveis. É claro que esta hipótese inicial acerca da racionalidade intrínseca dos processos psíquicos será revisada e nuançada após a virada dos anos 20, a partir de "Além do princípio do prazer" (Freud, 1920) e a segunda tópica, sendo então reconhecido, na pulsão de morte, um princípio fundamental de irracionalidade e caos a reger o aparelho psíquico, mas esta é uma outra questão, que modifica consideravelmente o contexto conceitual mas que não desmente entretanto os resultados alcançados anteriormente. Antes de 1920, portanto, o que vale é a regra segundo a qual o psiquismo é intrinsecamente racional, isto é, organizado pelo princípio de prazer.

As neuropsicoses de defesa

Nesta tarefa inicial, portanto, de elaborar um modelo do funcionamento do aparelho mental, Freud se deparou com os impasses colocados pela psicopatologia, partindo do que ele nomeou como sendo as neuropsicoses, categoria conceitual que abrangia tanto as neuroses quanto as psicoses. Inicialmente, ficou demarcada a existência de um denominador comum a unir as categorias clínicas entre si; trata-se do conceito de defesa. Freud então descreve as distintas categorias clínicas como sendo neuropsicoses de defesa, conceito fundamental dentro da obra freudiana e título de um texto importante de 1894, que marca, de forma bem nítida, a especificidade da reflexão psicanalítica em relação à psiquiatria. Enquanto doutrina, a psiquiatria sempre se propôs como tarefa a descrição das diferentes psicopatologias, pensadas sempre como processos mórbidos cerebrais dotados de um curso de desenvolvimento, características distintivas e fases a serem explicitadas. A descrição psiquiátrica se assemelha a uma espécie de botânica da mente. A psicanálise, por sua vez, e a partir do conceito de defesa, vem tratar a psicopatologia enquanto o efeito de um conflito mental. Uma vez que, como foi dito, os processos psíquicos são essencialmente racionais, o conflito mental se apresenta basicamente como uma problemática de ordem semântica. A patologia mental tem sua formação articulada aos entrechoques de um conjunto contraditório de enunciados carregados de tonalidade afetiva, que apontam para múltiplos sentidos, e não pode ter sua lógica explicitada senão na medida em que se elucidam os significados, as intencionalidades envolvidas em tais conflitos.

Freud, é certo, nunca negligenciou o aspecto puramente quantitativo que influencia a dinâmica psíquica, isto é, o *quantum* de afeto articulado aos processos intencionais, e esta cota de afeto será situada, no interior da reflexão freudiana, numa vertente essencialmente orgânica. Em 1914, em "As pulsões e suas vicissitudes", definirá a pulsão como uma exigência feita pelo corpo ao psiquismo, a de realizar um trabalho. Trabalho mental de organizar e vincular psiquicamente, isto é, em termos de associações de representações, os impulsos pulsionais oriundos de dinâmicas fisiológicas. É o que será definido dentro da teoria como dimensão econômica do funcionamento do aparelho psíquico, à qual Freud sempre atribuirá importância decisiva na etiologia das psiconeuroses. Entretanto, a função da dimensão econômica não será senão a de interagir, adicionar complexidade a uma problemática que é da ordem do sentido. O aparelho psíquico freudiano é uma máquina de produzir impulsos para a realização de atos intencionais; nada no psiquismo fica fora do campo da intencionalidade, é o que Freud deixa claro quando afirma, em *A interpretação dos sonhos*, que a única coisa capaz de fazer mover o aparelho psíquico é o desejo; o desejo é o que move as representações, o que as encadeia e promove um ininterrupto fluxo mental. Desejar é ter intenções, é dar uma direção, uma meta ao percurso da energia psíquica através das representações.

Em linhas gerais, a teoria da defesa freudiana enuncia que o sujeito lança mão da defesa a fim de se livrar dos incômodos efeitos de uma idéia associada a um conteúdo afetivo que lhe é aflitivo. Há então incompatibilidade entre a idéia carregada de afeto e o conjunto da vida mental do sujeito; conseqüentemente, esta idéia é afastada do restante da vida mental consciente e vai constituir então um grupo psíquico à parte. É a primeira conceituação freudiana acerca do inconsciente. No caso da neuropsicose histérica, por exemplo, podemos tomar o caso de *Elizabeth Von R.*, caso clínico dos *Estudos sobre histeria* (Freud, 1895), como ilustração. Elizabeth queixa-se a Freud de que a primeira aparição de suas dores na coxa deu-se durante o período em que cuidava do pai enfermo. Na ocasião, ficou dois dias de cama sem poder andar, mas as dores passaram sem que ela voltasse tão cedo a senti-las. Foi somente dois anos após que a coxa passou a ficar continuamente dolorida, atrapalhando a marcha. Em suas associações, lembrou-se de que o primeiro surgimento do sintoma deu-se logo em seguida a uma noite muito prazerosa em que foi a uma festa e desfrutou da companhia de um amigo com quem há muito flertava e com quem tinha inclusive planos de casamento. Quando chegou em casa após a festa, feliz pela promissora relação que se anunciava, encontrou seu pai em pior estado do que havia deixado. Há que se destacar que Elizabeth era quem de forma voluntária se dedicara a cuidar integralmente do pai em sua doença e que, por isto mesmo, só aceitou ir à festa após muita insistência da família. Muito apreensiva pelo estado piorado do pai, Elizabeth se recrimina e decide nunca mais deixar a cabeceira do leito do enfermo. No dia seguinte, justamente, surgem então as dores na coxa. Freud interpreta esta investida do sintoma como o resultado de um processo de defesa. Confrontado com o imperativo de servir ao pai, seu nascente desejo erótico de mulher tornou-se uma idéia incompatível que foi censurada, isto é, excluída do campo da consciência. O afeto que estava então associado à idéia incompatível, servindo-se da complacência somática que é prerrogativa da histérica, foi também desviado da consciência dando origem a um sintoma conversivo, a dor na coxa, a qual se tornou um símbolo mnêmico do conflito desejante.

Temos aqui então um típico caso de neuropsicose de defesa. O método freudiano na época, método catártico, extraído de Breuer, consistia em trazer novamente à consciência a idéia incompatível, bem como o seu afeto correspondente, a fim de melhor descrever a cena de seu surgimento, de forma a permitir, através das associações verbais, descarregar o afeto excessivo e proporcionar à paciente uma forma de tornar a idéia novamente compatível com o restante de suas crenças, de forma a resolver o conflito através de um julgamento racional. Percebemos então que a neuropsicose se distingue do funcionamento psíquico normal na medida em que lança mão de defesas patológicas, e não das defesas normais do psiquismo. Uma defesa normal, segundo Freud, é aquela que dificulta o investimento afetivo de uma idéia incômoda, permitindo apenas que pequenas quantidades de energia psíquica acedam a tal idéia. É o caso do luto, por exemplo, processo normal do psiquismo em que a idéia que faz sofrer, ligada a uma perda amorosa, só lentamente vai sendo assimilada, com o gradual desinvestimento libidinal da representação do objeto amado. A defesa patológica, por sua vez, diferencia-se da normal devido a sua radicalidade; trata-se de desinvestir radicalmente a representação inconveniente, produzindo aquilo que, no *Projeto de uma psicologia para neurólogos*, é descrito como sendo uma alucinação negativa, defesa primária, ou, na conceituação posterior, uma repressão.

O manuscrito H, das *Cartas a Fliess*, discorre acerca da paranóia e ilustra tais idéias com um caso clínico em que uma moça apresenta uma sintomatologia tipicamente paranóica, com idéias delirantes de ser observada e ouvindo vozes que a acusavam de ser leviana, vozes as quais atribuía aos vizinhos, que lhe seriam hostis. O desencadeamento da neuropsicose paranóica dá-se algum tempo após a partida de um rapaz que havia morado por um ano em sua casa. O rapaz era colega de seu irmão. Segundo o relato da irmã, a paciente havia lhe contado algum tempo antes que o rapaz, em uma ocasião em que ambos se encontravam a sós em casa, havia cometido um atentado sexual contra ela. Ao indagar a paciente acerca de tal episódio, Freud se dá conta de que a cena em questão havia simplesmente sido excluída das associações da paciente, a qual se recusou, após a segunda sessão, a retornar, tendo ficado ressentida e desconfiada do analista. Conclusão freudiana: defesa! A idéia incompatível era o desejo sexual que sentiu pelo rapaz que a assediou, por isso foi afastada da consciência. A moça, no entanto, permaneceu libidinalmente fixada no rapaz, de forma que posteriormente houve o retorno da idéia excluída, o qual, entretanto, fez-se de forma caracteristicamente paranóica, as vozes dos vizinhos a acusando de ser imoral.

Temos aí o mecanismo que Freud isola neste momento como sendo essencial à paranóia: a projeção. Enquanto os sintomas histéricos e obsessivos retornam deformados e, conseqüentemente, irreconhecíveis, na paranóia a auto-recriminação devida ao desejo incompatível ressurge intacta, porém projetada no mundo externo; são os outros que a acusam e não ela mesma que se auto-recrimina. Daí podemos compreender a diferença básica entre o sintoma primário da neurose obsessiva, a auto-recriminação, que aparece entretanto deslocada de seu efetivo conteúdo, e o sintoma primário na paranóia, a desconfiança, isto é, auto-recriminação projetada. Temos então a classificação inicial freudiana acerca das diversas categorias clínicas, a saber: neuropsicose histérica: repressão da idéia incompatível e conversão somática do afeto; neuropsicose obsessiva: repressão da idéia incompatível e deslocamento do afeto para representações anódinas, que passam a ser compulsivas; neuropsicose paranóica: repressão da idéia incompatível e do afeto correspondente, que permanecem idênticos a si, porém retornam projetados do exterior e, por isso, irreconhecíveis. É muito interessante notar que Freud já está neste momento apontando uma diferença essencial entre neurose e psicose, na medida em que mostra que o retorno do reprimido nas neuroses se faz através de condensação e deslocamento, de forma que a histérica e o obsessivo vão ser afetados pelo sintoma enquanto símbolo mnêmico da idéia incompatível rechaçada, enquanto que na paranóia a idéia é repelida, projetada, mas mantém-se idêntica a si, isto é, sem constituir um símbolo mnêmico. Freud constata então que as psicoses, diferentemente das neuroses, sofrem de um déficit de simbolização, o que ficará mais claro adiante.

A METAPSICOLOGIA DA ALUCINAÇÃO

Em termos metapsicológicos, uma das preocupações freudianas neste período será a de explicar a diferença entre os sintomas neuróticos e a alucinação, característica da psicose. Embora utilize o termo alucinação de forma um pouco fluida, Freud fornece uma descrição metapsicológica rigorosa do que ocorre por ocasião de um fenômeno alucinatório e tal descrição nos ajuda a compreender os mecanismos específicos da psicose tal como eram pensados neste momento. Em primeiro lugar, é preciso lembrar que o funcionamento primitivo do aparelho psíquico, no início da vida, é pensado como sendo eminentemente alucinatório. Segundo o Freud do *Projeto* de 1895, são duas as experiências essenciais que vão articular e direcionar o aparelho psíquico: a vivência de satisfação e a vivência de dor. Supondo o momento mítico em que o bebê é inicialmente atormentado pela pulsão – a fome é o exemplo utilizado no texto – e não tem ainda qualquer representação acerca de como resolver tal situação, o destino da energia psíquica será a motricidade, através do choro e do espernear. O outro, o próximo, em geral a mãe, ouve o choro do bebê e atribui um primeiro sentido ao que percebe, supondo que se trata de fome, e o sacia.

Dessa experiência, a criança reterá algumas representações, a saber, as da fome, da saciedade e do seio. Esse será o modelo da vivência de satisfação. Quando, posteriormente, a pulsão voltar a acometer o psiquismo do bebê, esse complexo representativo acima descrito será reinvestido, e a representação do objeto-seio reinvestido será a primeira manifestação de desejo no bebê. Uma vez que no funcionamento primário do aparelho psíquico, na medida em que não há ainda o ego desenvolvido, só há processos não-inibidos, esse complexo representativo, a vivência de satisfação, será reinvestido pela pulsão até o ponto em que alcançará o mesmo nível de investimento que a representação perceptiva; neste momento, haverá alucinação, isto é, em vez de recordar o sujeito alucinará o seio provedor. No caso da vivência de dor, o complexo representativo que se fixa após a primeira experiência funcionará no psiquismo, devido às facilitações criadas, como um pólo atrator para a energia psíquica, o que vai levar a uma constante revivescência alucinatória da dor, provocando uma defesa primária, que implica o total desinvestimento de tal complexo representativo, produzindo então uma alucinação negativa.

Como se vê, é insustentável para a subsistência essa configuração primária do aparelho psíquico. O surgimento do eu, então, vai retirar o aparelho desta condição primitiva de existência, inibindo os processos psíquicos. A partir de então, teremos a predominância do processo secundário no aparato, enquanto antes havia uma total primazia dos processos primários. O eu, portanto, evita o investimento excessivo tanto do complexo de satisfação como do complexo de dor, através de suas catexias colaterais, o que manterá a vida mental operando com um grau de energia psíquica moderado, conseqüentemente, sem alucinação positiva ou negativa. Uma vez que a memória, por inibição do eu, não é mais percorrida por altas energias psíquicas e que, ao mesmo tempo, o fracasso do recurso alucinatório primário ensinou o aparelho a manter continuamente uma cota de afeto pré-consciente que Freud denominará cota de atenção sempre pronta a sobreinvestir as representações perceptivas, teremos então que as representações recordativas e as representações perceptivas não mais serão confundidas, na medida em que as segundas quase sempre apresentarão uma cota de investimento superior às primeiras. O aparelho psíquico terá aprendido então a diferença fundamental entre perceber e recordar. Além disso, a função inibidora do eu garantirá que o fluxo de energia psíquica no aparelho tenha uma direção. Da percepção consciente à memória será o modo progressivo do fluxo psíquico.

Ora, além da situação proto-histórica em que o aparelho funcionava de modo alucinatório, há duas outras situações em que o fluxo progressivo da energia psíquica é invertido, passando a operar no modo regressivo, responsável pela produção do fenômeno da alucinação: o sonho, durante o qual as vias perceptivas e motoras estão bloqueadas, e o processo psicótico. Em ambos os casos, o fluxo psíquico se torna regressivo, a energia psíquica indo da memória até reativar a percepção. No caso do sonho, além do bloqueio das vias perceptivas, interrompendo o fluxo progressivo, há o rebaixamento do investimento do eu, também devido ao sono, facilitando o surgimento de processos não-inibidos no interior do aparelho. No terceiro caso, entretanto, que é o que nos interessa, o modo regressivo ocorre dentro do eu, que é sobrepujado pela catexia desejante inconsciente. A alucinação, portanto, corresponde ao investimento do sistema perceptivo a partir dos traços mnêmicos, provocado pela fragilidade do eu enquanto agente inibidor e pelo investimento excessivo da representação desejada, dando origem a um fluxo regressivo da energia psíquica, o que vai fazer com que o campo perceptivo seja invadido pelas representações recordativas desejantes oriundas do inconsciente.

As reflexões que trouxemos à luz até o momento correspondem às primeiras e fundamentais elaborações teóricas freudianas a partir da clínica. A conceituação psicanalítica das psicoses acompanha, como se pode depreender, a própria construção da primeira concepção do aparato psíquico.

Narcisismo e homossexualidade na raiz da paranóia

Após os anos iniciais, Freud vai dirigir então seu interesse para investigações sobre as leis do inconsciente. Surgem a *Interpretação dos sonhos*, *Três ensaios sobre a sexualidade* (Freud, 1905), os livros sobre linguagem e inconsciente, a saber, *Psicopatologia da vida cotidiana* e *Os chistes e sua relação com o inconsciente*. Por volta dos anos 1910 vêm à luz então novos textos importantes sobre clínica, como *O pequeno Hans* (Freud, 1909), *O Homem dos ratos* (Freud, 1909) e "Leonardo da Vinci e uma recordação de sua infância" (Freud, 1910). Em 1911 temos então o trabalho mais elaborado de Freud dentro do campo das psicoses, uma incursão de maior fôlego acerca da psicose paranóica, *O caso Schreber*. Não por acaso Schreber e Leonardo da Vinci são trabalhos elaborados sucessivamente, uma vez que em ambos se articula uma problemática que gira em torno das noções de narcisismo e homossexualismo cuja interdependência conceitual será bem demarcada no texto metapsicológico de 1914 "Introdução ao narcisismo" (Freud, 1914).

Apesar de *O caso Schreber* se apresentar realmente como o texto de Freud mais elaborado acerca das psicoses, fica claro, se cotejarmos este texto com o de outros casos clínicos freudianos, que o grau de aprofundamento da reflexão psicanalítica no campo das psicoses não alcança em riqueza e prospecção aquilo que a pesquisa das neuroses de transferência produziu. A razão principal para esta diferença de aprofundamento teórico é apresentada pelo próprio Freud, ao iniciar seu texto sobre o presidente Schreber justificando a dificuldade do psicanalista para penetrar na lógica da psicose na medida em que o psicótico, pelo efeito da própria patologia, coloca enormes obstáculos para o estabelecimento da transferência, condição de possibilidade da operação psicanalítica. Este fato clínico, segundo Freud, tornaria o psicótico inacessível à psicanálise. Justamente por esse motivo, toda a análise freudiana do caso se baseia não no relato de sessões, que de fato nunca ocorreram, mas, como se sabe, no texto publicado, as *Memórias de um doente dos nervos*, de autoria do próprio Schreber, publicado em 1903, mas que só chegou às mãos do criador da psicanálise em 1909.

Freud busca legitimar a realização de uma leitura psicanalítica da paranóia a partir de um texto autobiográfico e não de uma psicanálise alegando que o paranóico só conta mesmo o que decide contar, dando a entender que, pela própria dinâmica psicótica, o analista que conseguisse manter um paranóico em análise não teria acesso a material cuja produção não pudesse aparecer por outra via, como um livro por exemplo, procedimento que não deixa de ser freqüente entre os paranóicos. O fato também de os processos defensivos da psicose paranóica preservarem o principal do material patogênico intacto, disfarçado principalmente pelo processo de projeção, autoriza o procedimento freudiano, impossível no caso de um neurótico, na medida em que a formação neurótica de símbolos inconscientes praticamente inviabiliza uma leitura psicanalítica das produções neuróticas sem as associações do paciente.

O início documentado da doença de Schreber parece ter se dado aos quarenta e dois anos, por ocasião do fracasso em sua candidatura às eleições parlamentares. Consta que o presidente sofreu uma crise marcada principalmente por sintomas hipocondríacos com queixas de emagrecimento e que durou aproximadamente seis meses. Segundo relatos médicos o paciente ficou totalmente recuperado por volta de um ano mais tarde. Mais remotamente ainda, ao casar-se com Ottlin Sabine, aos 36 anos, Schreber parece também ter sofrido um episódio hipocondríaco, sem haver maiores informações sobre seu alcance e suas conseqüências. Freud conceituou demoradamente acerca da hipocondria ao longo da obra, e sua posição sempre foi a de localizá-la no campo das psicoses. Nos *Estudos sobre histeria*, ao descrever o caso de Elisabeth Von R., distingue o hipocondríaco do doente orgânico e da histérica. O doente orgânico, segundo Freud, ao se referir a sua doença, discorre de forma clara e objetiva; a histérica, ao falar de seu sofrimento, é vaga, algo indiferente, parecendo ter sua preocupação dirigida para outro lugar, é a "belle indifference" das histéricas, decorrente do processo defensivo relativamente bem-sucedido.

O paciente hipocondríaco, por sua vez, ao se referir a sua doença, costuma apresentar uma grande dificuldade de se expressar, busca sempre uma descrição mais adequada de seu sofrimento, mas parece que nenhum nome cai bem para dizer o que está sentindo e, mesmo se o médico resolve por sua própria conta propor uma nomeação, o hipocondríaco não a aceitará, permanecendo sempre com um núcleo inominável. Dentro da dinâmica psicótica, todavia, Freud vai situar a hipocondria como uma conseqüência do fracasso na defesa psicótica. No texto "Introdução ao narcisismo", conceitua da seguinte forma: após a primeira fase do processo psicótico, desencadeado por exemplo a partir de uma frustração de um desejo, o sujeito retira a libido da realidade externa, refluindo-a para o eu, dando origem a uma megalomania cuja função será manter regulado o excedente de libido que foi retirada do laço com os objetos. Enquanto essa operação narcísica funcionar, o sujeito se mantém razoavelmente equilibrado; quando, entretanto, algum novo fato psíquico vem perturbar essa precária organização, por exemplo um incremento na libido objetal inconsciente, o recurso à megalomania pode falhar e então surge a angústia hipocondríaca, a qual, ao manter o interesse do sujeito voltado para a erogeneização de um órgão a partir da libido narcísica, tenta preservar o recurso ao narcisismo, evitando assim que a nova investida da libido inconsciente redesperte o conflito psíquico e termine por lançar o sujeito na utilização de recursos defensivos mais radicais que implicariam uma regressão ainda mais grave que o retorno ao narcisismo. A angústia hipocondríaca está para a psicose assim como a angústia neurótica está para as neuroses de transferência, isto é, aponta para a ameaça do retorno do reprimido.

A partir destas reflexões fica então mais claro o porquê de as crises de Schreber terem se iniciado com sintomas hipocondríacos. É de se supor então que a sua aparente normalidade anterior fosse na verdade a adaptação do presidente à situação social a partir, entretanto, de uma distribuição narcísica da libido. Afinal, por que razão Schreber, bem-sucedido profissionalmente, precisaria candidatar-se às eleições parlamentares? E, sobretudo, por que teria caído doente precisamente após este fracasso? Não parece uma especulação exagerada supor que esse fracasso tenha tido como efeito a ferida narcísica que fez cair pela primeira vez sua estabilização subjetiva. Em outro momento, o próprio Schreber localiza o fator desencadeante de sua crise mais grave na breve viagem que sua esposa fez, afastando-se dele no momento em que suas defesas estavam desmoronando. Bastou que ela se distanciasse um pouco e o apoio narcísico que sua imagem lhe fornecia para se sustentar como homem viril veio abaixo. Indicadores significativos de uma estruturação narcísica da subjetividade. A angústia hipocondríaca surgida no início das crises parece então justificar a hipótese teórica de Freud.

DA DECADÊNCIA À GLÓRIA

A leitura freudiana do caso Schreber se concentra em torno dos dois pólos inicial e final do delírio. Destaca que a psicose eclode a partir de um delírio de perseguição sexual e termina com um delírio místico de redenção a partir da transformação de Schreber em uma mulher. A riqueza do caso, entretanto, se caracteriza pelas múltiplas etapas que o processo psicótico atravessa antes de chegar ao seu desfecho. Se a novidade da teorização neste momento é a inserção do elemento do narcisismo na compreensão da dinâmica libidinal, em linhas gerais permanecem válidas as conceituações iniciais freudianas. Se Schreber adoece, pensa Freud, é devido a um conflito psíquico, com alguma idéia incompatível surgindo no campo até então razoavelmente estabilizado de sua subjetividade. Se tomarmos a asserção de Freud anteriormente realizada, segundo a qual o agente perseguidor do delírio atual não é senão um substituto de uma outra pessoa anterior a quem a libido do sujeito permaneceu fixada, um outro amado enfim, teremos então a interpretação freudiana essencial deste caso, a saber, que a idéia incompatível para Schreber diz respeito a uma forte corrente homossexual inconsciente ligando-o ao Dr. Flechsig, ou mesmo a um outro anterior em sua vida e a quem Flechsig vem substituir, e que Freud conclui ser o pai do presidente. Todo o delírio, aliás, é repleto de referências à figura paterna: Deus, o Dr. Flechsig, que era médico como o seu pai, e também o Sol, a respeito do qual o presidente se gabava de poder olhar diretamente sem se ofuscar. Schreber adoeceu a partir do momento em que não pôde sustentar uma certa organização de sua libido que mantinha seu homossexualismo parte sublimado, parte recalcado. Na primeira crise, como vimos, tratou-se de uma frustração narcísica, com o fracasso de sua candidatura ao parlamento; na segunda e mais grave crise, a hipótese freudiana é de que Schreber não conseguiu sustentar-se diante da frustração de não ter filhos, questão da procriação que aliás ele irá resolver por meio de seu delírio. Impossibilitado de manter-se numa posição masculina a partir de uma sublimação e uma identificação narcísica secundária com o pai, Schreber regride, e com isso a pulsão homossexual, que até então conseguira se manter parcialmente sublimada em interesse social na relação com os semelhantes, retorna conseqüentemente às suas raízes sexuais, reativando a corrente homossexual que até então se mantivera inconsciente.

Assim compreendemos a emergência da fantasia de ser uma mulher durante o coito, que ocorre na antevéspera de seu colapso psicótico. Reativado o homossexualismo inconsciente, que Freud reconhecerá como ligado à figura do pai e embutindo consigo o reconhecimento da castração enquanto preço a pagar pela ocupação da posição feminina diante do pai no coito, Schreber é então confrontado com um impulso pulsional duplamente insuportável para seu psiquismo: por um lado, a homossexualidade era totalmente incompatível com seu narcisismo viril, sua identificação narcísica secundária ao pai, sua educação moral estrita, marca aliás da pedagogia de tolerância zero pregada e executada por seu pai com os filhos; por outro, o reconhecimento da castração implicado na posição feminina tampouco lhe era assimilável, tanto que o delírio de perseguição sexual vai apresentar-lhe o ato sexual como algo da ordem da destruição; era-lhe impossível ser mulher para Flechsig sem que seu corpo fosse conseqüentemente abusado e "deixado largado" como uma carcaça.

A defesa psicótica diante desta idéia duplamente incompatível não tarda a chegar: o mundo a sua volta começa a ruir, os semelhantes deixam de existir, passando a ser simplesmente "homens feitos às pressas", e é o próprio corpo de Schreber que passa a ser decomposto e apodrecido, com o desaparecimento de seus órgãos até sua morte, lida no jornal, e outras afirmações da época tais como: "Sou um cadáver leproso conduzindo outro cadáver". Eis o "assassinato de alma" atribuído à Flechsig; para escapar ao conflito, é todo o mundo subjetivo schreberiano que começa a desabar no delírio de ruína. Se o semelhante perde consistência, tornando-se uma espécie de simulacro, o outro em linhas gerais também começa a ruir, o que transparece nas múltiplas subdivisões das almas de Flechsig e também de Deus. Freud vai dizer que ali onde a neurótica histérica condensa e cria símbolos, o paranóico dessimboliza, desfazendo as condensações e as identificações. Em última instância, até mesmo aquele outro, a quem Freud chama na *carta 52* a Fliess de o outro pré-histórico, inesquecível, a quem todos os atos do sujeito visam, é posto diante da ameaça de ser destruído.

Ora, se nas neuroses de transferência a libido que é desinvestida dos objetos retorna para o inconsciente onde vai investir as representações fantasísticas do objeto, nas psicoses, diz Freud, a retirada da libido é mais radical, de forma que as representações inconscientes de coisa são também desinvestidas, retornando a libido para o eu, onde vai dar origem aos fenômenos de megalomania ou melancolia. Este é o caso no momento em que só restam no mundo Deus e Schreber, enquanto seres realmente consistentes e, diga-se, misturados. Entretanto, e nisto reside a riqueza do caso, há no horizonte schreberiano a possibilidade de uma regressão ainda maior, pois durante todo o delírio o grande fator ansiogênico para o presidente era a possibilidade do desaparecimento de Deus, a partir de seu possível afastamento da influência dos nervos schreberianos. Schreber faz todo o possível para evitar o desvanecimento de Deus, que ocupa para ele o lugar daquele outro inesquecível, pré-histórico. O que ocorre nesse momento é o conflito que irá decidir se a libido do presidente, uma vez retirada das relações objetais, regredirá apenas para o narcisismo, configurando o quadro paranóico, ou se mergulhará ainda mais fundo nas formas primitivas de existência retornando ao autoerotismo característico não mais da paranóia, mas da esquizofrenia. É o conflito que se encarna no impasse entre saber se Deus permanece vivo com Schreber ou se se desvanece lançando-se nos confins siderais de seu delírio cosmológico. Se Deus se esfuma, é também porque Schreber teria se tornado completamente idiota, e isso é tudo o que ele não quer e combate, através do fatigante "pensamento forçado" que as vozes das almas provadas lhe impõem de forma ininterrupta.

A fragilidade da posição deste psicótico não poderia deixar de se manifestar também através dos distúrbios de linguagem, e Freud nos chama a atenção para a "língua fundamental" falada por Deus e pelas almas provadas com suas vozes que atormentam Schreber. Trata-se de um alemão "vigoroso", repleto de eufemismos, de forma que diz algo através da afirmação de seu antônimo. Mostra-se, neste caso, como, na psicose, sob efeito dos radicais mecanismos de defesa que caracterizam esta patologia, é até mesmo a linguagem que ameaça perder a sua funcionalidade semântica, na medida em que, se um termo significa também o seu oposto, começa a ficar difícil proteger-se da polissemia e, em última instância, da perda total pela linguagem da capacidade de produzir sentido, resultado que aliás é amplamente corriqueiro na esquizofrenia.

UM MECANISMO ESPECÍFICO DAS PSICOSES: A VERWERFUNG

Se há, entretanto, ao longo da evolução da psicose, todos estes fenômenos de afastamento para o psicótico do mundo humano, há também o processo delirante, o qual, apesar de parecer ser o aspecto mais patológico da doença, consiste, para Freud, exatamente no contrário, ou seja, numa tentativa espontânea de cura por parte do psicótico. Se o processo defensivo abole inicialmente o mundo externo e, posteriormente, também o mundo interno, o processo delirante visa restaurar, desde fora, o mundo subjetivo perdido do psicótico. Daí a retificação freudiana; não é que a percepção tenha sido suprimida internamente e projetada para o exterior, mas sim o contrário, isto é, que aquilo que foi abolido internamente retorna desde fora. Com isso, Freud rearticula e complexifica o conceito de defesa psicótica. A projeção, tal como era utilizada usualmente por Freud, dizia respeito à idéia de que neste mecanismo se trata de transpor para fora, a partir do interior do psiquismo, uma realidade interna ao sujeito. De fato esta concepção não é eliminada; todavia, a nova conceituação freudiana elaborada a partir da noção de *Verwerfung*, isto é, rejeição ou abolição, vem mostrar que não se trata na psicose essencialmente de transposição para o exterior; na verdade, o mecanismo de defesa psicótico elimina, abole a vida interior, o que se constata com freqüência nas esquizofrenias, principalmente no que a psiquiatria chama de hebefrenia. Uma vez abolido o mundo subjetivo, é desde fora, pela percepção, que irá eventualmente recomeçar o processo de reconstrução do mundo psíquico.

Refletindo acerca deste processo de abolição interna, entramos justamente naquilo que faz a especificidade dos procedimentos psicóticos, pois até então, enquanto Freud amparava sua reflexão sobre a psicose no mecanismo da projeção, não havia, dizendo propriamente, algo peculiar à psicose, na medida em que a projeção é um fenômeno acessível a todo aparelho psíquico. A partir do conceito de *Verwerfung*, Freud consegue, sem muito alarde, pois esta noção não tem muito destaque em sua obra, mostrar que efetivamente não é louco quem quer, isto é, dar um estatuto específico à psicose enquanto afecção psíquica, diferenciando-a das outras neuroses através de um instrumento teórico mais rigoroso que a mera constatação clínica de que nas psicoses não há transferência analítica ou de que nela se utiliza mais a projeção. Ora, em termos metapsicológicos, em que consiste a *Verwerfung*? Nas neuroses, o processo de repressão afasta a idéia incompatível da consciência, mas não afeta a representação de coisa inconsciente, que permanece investida, de forma que o neurótico, apesar de se distanciar da realidade dolorosa, não rompe com ela, podendo, via análise, recuperá-la. O fenômeno da transferência vem justamente mostrar que a capacidade do sujeito de estabelecer laços amorosos não está perdida, apenas perturbada.

Assim, a repressão tem como efeito separar a representação de palavra consciente da representação de coisa inconsciente que lhe corresponde, e isso na medida em que a concepção freudiana de linguagem é denotativa, isto é, a menor unidade de sentido inclui sempre uma representação de palavra que denota uma representação de coisa, que é uma cena inconsciente. Dessa forma, o neurótico não perde a cena, o contexto em que o seu desejo está inserido, mas perde a capacidade de nomeá-la e assim trazê-la para a consciência. Bem, na psicose, a partir da *Verwerfung*, a realidade dolorosa não é apenas afastada, mas eliminada. Lembremos do exemplo do caso do Homem dos Lobos, em que há um episódio no qual o paciente, apesar de não se tratar de um psicótico, lançou mão, a certa altura de sua vida em que se encontrava envolvido com aspectos de sua dinâmica libidinal que lhe eram absolutamente insuportáveis, do mecanismo da *Verwerfung*, a fim de se livrar da influência de seu complexo de castração. A defesa consistiu então na retirada da libido da representação de palavra, afastando a noção de sua consciência, mas foi além disso e suprimiu também a representação inconsciente de coisa, a cena da castração.

Quando a linguagem cai no vazio

Como propõe a conceituação freudiana, a alucinação do dedo cortado veio justamente fazer retornar, desde fora, o que o sujeito havia abolido internamente. A experiência da castração, entretanto, não pode mais ser representada no inconsciente, uma vez tendo sido abolida, a não ser através de um delírio. Mas o delírio, como Freud frisa, já é a segunda etapa do processo de reconstrução. No primeiro momento, o que temos é o conhecido fenômeno dos maneirismos do esquizofrênico, a fala afetada, apresentando uma desordem sintática bastante peculiar. Em "O inconsciente", na sua última parte, Freud se detém a fim de estudar com mais profundidade o que ocorre no processo de formação do sintoma psicótico. Traz então um exemplo:

> Uma paciente de Tausk, uma moça levada à clínica após uma discussão com o amante, queixou-se de que seus olhos não estavam direitos, estavam tortos. Ela mesma explicou o fato, apresentando, em linguagem coerente, uma série de acusações contra o amante. De forma alguma ela conseguia compreendê-lo, a cada vez ele parecia diferente; era hipócrita, um entortador de olhos (*Augenverdreher* tem o sentido figurado de enganador), ele tinha entortado os olhos dela; agora ela tinha olhos tortos; não eram mais os olhos dela; agora via o mundo com olhos diferentes. (Freud, 1915)[1].

---

[1] Freud, S., "O inconsciente", in *Obras completas*, vol. 14, Imago, Rio de Janeiro, 1992.

Freud concorda então com a observação de Tausk, segundo o qual o órgão corporal olho arrogou-se a si toda a atenção da paciente; sua fala tornou-se uma "fala do órgão", característica hipocondríaca típica da psicose. Incapaz de manter sua libido investida na relação com o amante, a paciente mesma diz que está perdendo a capacidade de compreendê-lo, está se afastando dele, ele está se desrealizando para ela. A hipocondria surge junto à tentativa de evitar o total desvanecimento de seu mundo subjetivo. Ele então torna-se o agente perseguidor, o enganador, entortador de olhos. Ao mesmo tempo, à medida que o processo de esquizofrenização avança, a paciente luta para sustentar-se em uma esfera narcísica, característica da paranóia. É nesse momento que intervém a hipocondria, como tentativa de manter a libido ainda na esfera narcísica, investindo-a na imagem do corpo, o que justamente vem dar origem à "fala do órgão".

Neste ponto, devemos nos reportar à interessante conceituação freudiana dos *Estudos sobre histeria*, quando, ao comentar os motivos que levam a histérica a utilizar o corpo como símbolo mnêmico da representação reprimida, Freud vai dizer que a histérica, neste momento, não exatamente cria novos símbolos, mas apenas retorna aos primórdios da linguagem, em que sua função se restringia a nomear o corpo próprio, o corpo enquanto fonte das sensações sexuais, antes que o universo simbólico se expandisse a fim de englobar outras esferas da realidade. Se retomarmos a afirmação freudiana de "Introdução ao narcisismo", segundo a qual o primeiro objeto da libido é o corpo próprio no narcisismo, antes que o desenvolvimento psicossexual permita o investimento libidinal em um objeto reconhecidamente externo, vamos então compreender justamente como a "fala do órgão" ainda é um último recurso para o psicótico ao menos manter uma referência para sua linguagem, pois, como vimos, uma vez que o processo defensivo terminará por eliminar a cena inconsciente, o corpo próprio enquanto objeto narcísico parece funcionar como recurso extremo a fim de evitar a despersonalização e, conseqüentemente, a total perda da função semântica da linguagem. Este recurso hipocondríaco surge então, e neste caso a clínica demonstra a reflexão teórica, quando as defesas narcísicas falham; rememoremos a crise hipocondríaca schreberiana quando da frustração narcísica originada pelo fracasso nas eleições parlamentares ao Reichstag.

O corpo próprio como referência última no narcisismo mostra sua função na radical auto-referência dos delirantes paranóicos, para quem nada ao seu redor acontece que não seja diretamente envolvido com sua pessoa, dirigido a ele. Entretanto, a paciente de Tausk parece não conseguir manter-se nesta esfera, pois sua fala demonstra que as palavras já perderam suas referências. Ela diz que seus olhos estão tortos, porque o amante era um "entortador de olhos", mas isso é totalmente abstrato, na medida em que seus olhos não estão tortos, nem ela está fazendo uma alusão. Uma histérica, por sua vez, em situação semelhante, teria realmente revirado os olhos através de um sintoma conversivo, mas teria perdido a noção de que tal sintoma simbolicamente expressava seu ressentimento para com o amante enganador. A esquizofrênica, por outro lado, mantém-se consciente da relação de seu sintoma com o relacionamento com o amante, mas também perdeu o sentido do que está em jogo, pois não compreende mais o amante, e seu sintoma deriva-se somente da associação verbal entre o *Augenverdreher* e o virar os olhos. Palavras sem referência, esse é o resultado específico do mecanismo de repressão nas psicoses.

Voltando à nossa reflexão sobre o caso Schreber, podemos então perceber que a produção delirante do presidente evita que sua linguagem torne-se abstrata como a da paciente de Tausk. Todavia, essa ameaça é real, como se demonstra nos eufemismos da "língua fundamental" e também nas tendências que os pássaros miraculados apresentam em relação às assonâncias lingüísticas, como nos ensina o próprio Schreber, aspecto que não passou despercebido a Freud. Para os pássaros, que não faziam outra coisa que falar o tempo todo, tanto faz dizer

> "Santiago" ou "Cartago"
> "Chinesentum" ou "Jesum Christum"
> "Abendrot" ou "Atemnot"
> "Ariman" ou "Ackerman"
> "Briefbeschworer" ou "Herr Prufer schwort", etc, etc[2].

---

[2] Schreber, D. P., *Memórias de um doente dos nervos*, Graal, Rio de Janeiro, 1985, p. 249.

O delírio, como segunda etapa da reconstrução do mundo, após o reinvestimento libidinal das representações de palavra, vem tecer novamente a trama do mundo subjetivo schreberiano e, claro, permitir a assimilação dos elementos libidinais que deram origem ao conflito psicótico. Dessa forma, se a idéia de ser uma mulher durante o coito com um homem lhe era insuportável inicialmente, tal posição implicando a morte e a degradação moral do presidente, na lógica do delírio uma nova Ordem do Mundo irá se estabelecer, e a posição feminina tornar-se-á aceitável e até mesmo desejável, na medida em que implicar o gozo de Deus. Trata-se, sem dúvida, de um delírio de assimilação; doravante, não será mais possível a Schreber manter inconsciente sua pulsão homossexual, seu ego não dispõe mais desta capacidade, pois foi enfraquecido pelo conflito mental.

Assim, se durante o delírio a capacidade de sublimação ficou totalmente perdida, e isso fica claro ao longo do livro, em que Schreber relata todo o tempo as peripécias das almas em busca da volúpia dos nervos, volúpia esta que Schreber é obrigado a proporcionar a Deus através do uso sexual de seu corpo, a ameaça da castração, temida por conta da assunção da posição feminina junto ao pai, é resolvida através do processo assintótico ao final do qual o presidente será definitivamente emasculado e, conseqüentemente, transformado em mulher de Deus. Como psicótico que é, entretanto, a castração não pode ser simbolizada, como vemos no caso do pequeno Hans, em que intervém a fantasia do bombeiro que viria desatarraxar seu pipi a fim de colocar outro maior. No caso do paranóico, é no corpo real que a castração vai ocorrer, corpo cuja imagem ainda permanece como a referência decisiva para o presidente.

Eis então o resultado do percurso delirante: uma nova posição subjetiva, uma identidade sexual renovada, a possibilidade de responder pela procriação de uma nova humanidade schreberiana e, principalmente, a reconciliação com o Deus-pai. Novamente, uma parte da libido homossexual pode ser sublimada e Schreber reencontra o interesse no semelhante, tendo inclusive, após a alta hospitalar, adotado uma menina para criar. Assim, o psicótico vai amar seu delírio como ama a si mesmo. É certo, entretanto, que este reequilíbrio psíquico nunca estará garantido, como alerta Freud, pois não se pode esquecer a dimensão econômica que sempre pode vir a gerar novos desequilíbrios e desfazer o árduo trabalho de reconstrução delirante operado por Schreber.

O COMPLEXO MATERNO NAS PSICOSES

Em 1915, quatro anos portanto após a publicação do caso Schreber, Freud avança mais um passo na conceituação das psicoses ao comentar o caso de uma moça que foi a apenas duas sessões com ele, mas cuja dinâmica libidinal se lhe tornou relativamente inteligível. O caso tem interesse teórico na medida em que parece contrariar a hipótese freudiana segundo a qual a paranóia seria sempre determinada pela eclosão de um conflito homossexual no sujeito. Esse conflito estaria na base de todos os tipos de afecções delirantes persecutórias, funcionando como uma espécie de axioma do delírio.

Freud elabora bastante esta concepção e chega, já durante o caso Schreber, a uma espécie de gramática da paranóia. Assim, haveria, no caso do paranóico masculino, quatro possíveis derivações gramaticais a partir do enunciado incompatível "Eu, um homem, o amo, a outro homem", conforme, via projeção, se inverta o sujeito, o predicado, o objeto, ou todo o enunciado. No primeiro caso, temos, em vez de "Eu o amo", "Ela o ama", com a inversão do sujeito dando origem ao ciúme delirante, em que o homem alimenta a certeza de que é sua mulher que ama os outros homens, mantendo-se assim a salvo de seu próprio homossexualismo. No segundo caso, de "Eu o amo" deriva-se "Eu o odeio" e, em seguida, "Eu o odeio, porque ele me odeia", inversão do predicado que dá origem à paranóia propriamente dita. No terceiro caso, de "Eu o amo" passamos a ter "Eu a amo" e "Eu a amo porque ela me ama", negando o objeto, o que vai dar origem à erotomania. Pode-se ter ainda uma negação total do enunciado, passando de "Eu o amo" para "Eu não o amo, porque só amo a mim mesmo", produzindo a megalomania. No caso de uma mulher paranóica, valem as mesmas regras, mudando o sexo do objeto.

Ora, no caso desta moça que vem a Freud parece haver algo que foge ao padrão, pois a queixa expressa é de que ela está sendo perseguida por um homem que foi o seu amante e que agora planeja expor publicamente fotos íntimas do casal. Aparentemente, então, a moça estaria se protegendo, através de seu delírio, do amor de um homem, transformando-o em agente perseguidor. Freud decide então pesquisar mais a fundo e alerta para a constante fonte de erros na área psiquiátrica, derivados de uma leitura que permanece na superfície, sem ir pesquisar mais detidamente os meandros da dinâmica libidinal do paciente. A história resumida da moça: trabalha em uma grande firma onde tem um bom emprego. A chefe de sua seção é uma velha senhora de cabelos brancos que, segundo a paciente, lembra-lhe a mãe. As duas mantêm uma relação de forte apego, dando-se muito bem. A paciente tem aproximadamente trinta anos e mora só com a mãe, tendo perdido o pai desde muito nova. Nunca havia tido até então relações amorosas com nenhum homem, até que um colega do trabalho, um jovem muito simpático conseguiu atraí-la por meio de insistentes lisonjeios. A moça foi então por duas vezes ao apartamento dele e somente na segunda vez houve as intimidades sexuais e foi justamente quando ela se sentiu perseguida, pois durante o tempo em que estava namorando ouviu um ruído estranho no fundo do quarto e, ao sair do apartamento, cruzou na escada com dois homens conversando entre si, um deles carregando nas mãos um embrulho que parecia uma caixa. A paciente suspeitou imediatamente de que se tratava de uma máquina fotográfica e de que o barulho que ouvira antes fora o som do obturador durante a fotografia. Teve certeza então de que estava sendo observada e chantageada pelo jovem, que queria sujar sua reputação. Ocorre que, após a primeira visita que fez à casa do rapaz, tinha observado, no dia seguinte, uma conversa entre a velha senhora chefe de sua seção e o mesmo jovem, conversa a portas fechadas que a fez suspeitar fortemente de que eles estavam falando dela e de que ele estaria contando à chefe acerca de suas relações amorosas. Com muita dificuldade, o rapaz conseguiu demovê-la dessa idéia e convencê-la de seus sinceros sentimentos, tanto que ela afinal aceitou voltar a seu apartamento.

A leitura freudiana deste delírio assim se configura: a velha senhora não ocupa senão o papel de substituta da mãe, enquanto o rapaz veio a ocupar o lugar de seu pai, daí a suspeita da moça de que o rapaz e a chefe tinham uma ligação amorosa. Inclusive, a moça teria percebido isso claramente nas sutis insinuações da velha senhora. O que ocorreu nesse caso, então, foi o fracasso da moça em conseguir estabelecer uma relação amorosa com um homem devido à forte influência do complexo materno. Já no dia seguinte à primeira ocasião de sua visita à casa do namorado, o conflito explodira, e ela já começara a acusá-lo de traição. O perseguidor original, então, não era o homem, mas a mulher, no lugar da mãe. O apreço da jovem pelo mesmo sexo se opunha às suas tentativas de estabelecer um laço amoroso com alguém de outro sexo. O amor pela mãe agia então como representante da consciência crítica interditando suas relações amorosas. Instada pelo amor de um homem, a paciente buscou lutar para livrar-se do jugo do complexo materno, conseguindo parcialmente isso através de um delírio paranóico, que lhe permitiu perceber um lado mau na figura materna, capaz de afastá-la de sua influência. No final da primeira fase do delírio, os dois tramavam contra ela. Libertara-se assim das amarras maternas mas ainda não conseguira aproximar-se dos homens. A insistência do rapaz entretanto terminou por convencê-la e ela aceitou ir novamente a sua casa, quando então irrompe o segundo delírio, o qual teve sucesso em destruir o amor nascente pelo rapaz.

No saldo final, seus esforços não tinham sido suficientes para libertá-la da influência materna, que provou ser a corrente mais forte em seu psiquismo. O barulho que supostamente ouvira na segunda vez em que esteve na casa do rapaz aponta para a revivescência na moça da fantasia da cena primária em que a criança assiste escondida ao coito dos pais e teme ser denunciada por algum ruído. Esse detalhe do barulho então mostra qual tinha sido o recurso que a paciente estava utilizando a fim de escapar ao jugo materno. Identificando-se narcisicamente com a mãe ela passou então a ocupar o seu lugar na cena primária. Seu amor pela mãe regredira a uma identificação narcísica, primária; por incorporação, ela se tornara a mãe, identificação típica da paranóia, e assim ela tentava escapar ao homossexualismo. O delírio, então, visava inicialmente à mulher; em seu desenvolvimento, todavia, numa base paranóica, realizou-se o avanço de um objeto feminino para um masculino, o que Freud considerava incomum na paranóia.

UM LUTO IMPOSSÍVEL PARA O NARCISISTA

É nesta mesma época, 1915, que Freud vai produzir um importante texto teórico acerca da patologia melancólica, a qual vai lhe servir também para avançar em sua elaboração acerca do conceito de narcisismo, sempre procurando pesquisá-lo a partir das psicoses. A melancolia é classificada por Freud dentro do campo das psicoses, ou, como ele nomeava na época, das neuroses narcísicas, isto é, aquelas em que a libido que desinveste os objetos retorna não para as fantasias inconscientes, mas para o eu.

Para estudá-la, a estratégia freudiana será estabelecer um cotejo com o processo do luto, considerado um fenômeno do psiquismo normal. A melancolia, portanto, seria um luto patológico. Em comum, luto e melancolia apresentam o desânimo penoso, a inibição das atividades a partir do desinteresse pelo mundo externo, o que implica uma perda significativa na capacidade de amar. Em ambos os processos o fator desencadeante seria a perda de um objeto amado, ou seja, a necessidade de desligamento da libido de um objeto. A melancolia, entretanto, apresenta em sua fenomenologia um aspecto que falta no luto normal, a saber, o delírio de inferioridade moral, a perda de auto-estima, que se manifesta através de um rosário de cruéis auto-recriminações que o melancólico costuma invariavelmente desfiar de forma quase que exaltada, o que não deixa de constituir uma certa contradição com o estado de desânimo e esmagamento que parece apresentar. Clinicamente, a melancolia costuma se apresentar articulada a períodos alternados com processos maníacos, e também com manifestações tipicamente paranóicas. Freud parece sugerir que ali onde a paranóia projeta a auto-recriminação, recebendo a hostilidade a partir do outro, a melancolia dispensaria a projeção, mantendo a recriminação voltada contra o eu.

Assim, enquanto o sintoma primário da paranóia seria a desconfiança do outro, o sintoma primário da melancolia seria a auto-desconfiança. Percebemos então que é grande a proximidade entre as duas formações patológicas, paranóica e melancólica. Esta última, entretanto, costuma ser menos estável clinicamente que a paranóia, evoluindo muitas vezes para formas mais graves, como a síndrome de Cotard ou delírio das negações. Em relação às neuroses de transferência, a melancolia guarda semelhanças com a neurose obsessiva, na medida em que ambas compartilham a auto-recriminação como sintoma primário; todavia, sabe-se que, enquanto a melancolia não raro chega ao extremo do suicídio, a neurose obsessiva parece limitar-se à autotortura moral. Quando obsessivos e melancólicos se culpam amargamente pela perda do objeto amado, Freud reconhece nestas manifestações a ação do conflito de ambivalência; em ambos os casos o objeto era amado e odiado, embora esta ambivalência se mantivesse no inconsciente. Ao perder o objeto, o neurótico retorna a pulsão agressiva contra o eu; o melancólico, por sua vez, parece chegar ao mesmo resultado, mas Freud vai dizer que o mecanismo não é o mesmo. O que especifica a melancolia, a partir do ponto de vista freudiano, reside no predomínio que demonstra da libido narcísica. O obsessivo sofre devido ao conflito de ambivalência, no entanto seu investimento libidinal é eminentemente anaclítico. Em relação ao luto normal, conseqüentemente, a melancolia se diferencia pela ambivalência inconsciente e pela primazia da libido narcísica sobre a libido anaclítica. Era um amor narcísico que mantinha o melancólico ligado ao objeto, daí que a perda do enlutado será um empobrecimento do mundo externo, enquanto o empobrecimento do melancólico será do eu. Ora, na medida em que se trata de afecção narcisista, na melancolia a perda não pode ser assumida, pois a perda do luto consiste em uma experiência de castração.

Dessa forma, o melancólico rebela-se contra a lacuna que se abre em sua disposição libidinal e, incapacitado de assumir a castração, incorpora narcisicamente o objeto perdido. Fixado na fase oral canibalística, fase marcada pelo narcisismo, o melancólico irá regredir e, diante do desligamento da libido do objeto perdido, identificar-se-á narcisicamente com o objeto, incorporando-o, enquanto objeto total. Uma parte do eu então se torna o objeto perdido, enquanto outra parte assume o lugar da instância crítica, alimentada pelo ódio preexistente e responsável pelo conflito de ambivalência. Transpõe-se para o interior do eu a luta que vai absorver o melancólico. Quando vemos então tal sujeito se auto-envilecer acusando-se de ser o pior dos seres, sabemos que, na verdade, ele acusa o objeto perdido cuja sombra agora caiu sobre o eu.

Esse tipo de identificação é típico das psicoses. A incorporação narcísica do objeto pode chegar a tornar o melancólico um ser aparentemente completo, sem furos, e assistimos então às estranhas manifestações clínicas de tais sujeitos, que se recusam a urinar, a defecar, se alimentar, pois alegam não ter orifícios, são totalmente fechados e, também, imortais. Parece, então, que o processo melancólico teria seu determinante na *Verwerfung* da castração, o que deixaria o melancólico impossibilitado de assumir qualquer renúncia pulsional, e aqui vale recordar a semelhança pontual com o Homem dos Lobos, o qual dizia ver o mundo como que coberto por um véu, ele que justamente havia nascido com o âmnio. No delírio das negações, então, o véu que cobre o sujeito se torna total, não deixando mais nenhuma abertura.

A SEGUNDA TÓPICA E AS PSICOSES: QUE REALIDADE PARA O SUJEITO?

Após este período muito fecundo da elaboração teórica freudiana, que corresponde aos anos 1914 a 1917, a próxima reorganização da reflexão acerca das psicoses ocorrerá a partir da construção da segunda tópica, nos anos 20. Dois textos de 1923-24 irão determinar a forma final da abordagem freudiana da questão psicótica; são eles: "Neurose e psicose" e "A perda da realidade na neurose e na psicose", em que Freud irá realocar as categorias clínicas e os mecanismos envolvidos nos processos psicóticos a partir da nova concepção do aparelho psíquico. Por motivos não muito claros, esta formulação final acabou se afirmando para muitos dentro da comunidade psicanalítica como sendo o principal da articulação freudiana sobre as psicoses, o que está longe de ser correto, se observarmos o contexto mais amplo da obra do criador da psicanálise. É fato também que algumas afirmações presentes nestes dois últimos textos dão a impressão de que a concepção freudiana das psicoses seria marcada por uma certa trivialidade, quase que uma repetição de lugares-comuns, o que textos mais antigos aqui trabalhados desmentem amplamente.

Em linhas gerais, Freud vai buscar, nos dois textos acima citados, mover-se em torno da idéia exposta em *O eu e o isso* (Freud,1923), em que o *eu* é pensado como uma instância reguladora exposta a pressões múltiplas; por um lado, os imperativos da realidade externa, de outro, as exigências descabidas do *isso*, e, por último, o peso esmagador do supereu. O *eu* é então descrito como esse agente conciliador que deve servir da melhor forma possível a esses três senhores, todos tirânicos. Diferenciando então neurose e psicose Freud afirmará que, enquanto a neurose é o resultado de um conflito entre o *eu* e o *isso*, a psicose é o desfecho de um distúrbio nas relações entre o *eu* e o mundo externo. A etiologia inicial seria compartilhada por ambas as psicopatologias; trata-se sempre de uma frustração de um desejo que acarretará a retirada da libido do mundo externo, embora sem alterá-lo ativamente, num primeiro momento. Na neurose, há a obediência à realidade externa, com a conseqüente retração da libido para as fantasias inconscientes. Evidentemente, embora a realidade neste caso não seja vituperada, há de qualquer maneira um afrouxamento na relação do aparelho com o mundo externo e uma fuga para a fantasia. Na psicose, a obediência inicial à realidade frustrante implicará um forte desinvestimento da relação com o mundo externo, dando origem por exemplo à megalomania.

O segundo passo então do processo também é relativamente análogo para neuroses e psicoses; agora trata-se de uma reação de poder do *isso*, no sentido de recusar a opressão da realidade externa. Corresponde portanto ao período de construção do sintoma. O sintoma neurótico, como se sabe, terminará por impor ao *eu* uma certa formação de compromisso, em que a realidade opressiva é parcialmente obscurecida a partir do retorno da satisfação pulsional que invade o campo do vivido do sujeito. Um exemplo são os pensamentos de caráter compulsivo do neurótico obsessivo. Se a passagem pelo Édipo impôs-lhe a renúncia ao gozo incestuoso, a agressividade ao pai frustrador e a lascívia dirigida à mãe irão retornar nos sintomas, associando-se a um fragmento de realidade que, a partir de então, irá assumir um caráter simbólico e responder pela satisfação a mais que havia sido perdida.

Podemos pensar aqui na formação dos sintomas intestinais do Homem dos Lobos e no modo de lidar com o dinheiro que caracterizava este paciente. A exigência de ter de renunciar à satisfação de sua pulsão homossexual implicou a repressão destes impulsos, em um primeiro momento. A força do *isso*, entretanto, acabou por se impor ao *eu*, e um fragmento da realidade foi distorcido, sem ter sido repudiado, a fim de satisfazer os impulsos desejantes. O manuseio do dinheiro, então, passou a representar simbolicamente, e de forma dissimulada, o comércio anal visado pelo paciente, mas proibido. Nas psicoses, a imposição da realidade tem como efeito uma retirada radical do investimento libidinal. O mundo externo se esvazia e também parte do mundo interno do psicótico é eliminada, nesta primeira etapa. Quando o *isso* novamente afirma seus desejos, é então que a realidade é invadida pelo delírio e pelas alucinações, dando origem ao processo de reconstrução.

No caso Schreber, por exemplo, podemos localizar a primeira etapa da psicose no período anterior ao surto. Schreber aparentava estar bem adaptado à realidade, mas na verdade esta se encontrava um tanto ou quanto esvaziada, e a megalomania do presidente, junto às identificações narcísicas, pareciam sustentá-lo. Novamente, entretanto, a pulsão homossexual faz valer seus direitos, inicialmente invadindo seus sonhos e, logo em seguida, fazendo falhar sua megalomania e produzindo angústia hipocondríaca, sinal anunciador de que a realidade esvaziada irá ser novamente invadida e recriada; e é justamente a pulsão homossexual que irá operar como o grande combustível da reconstrução, na medida em que o novo mundo schreberiano é uma afirmação de seu direito e dever de experimentar volúpia sexual a partir da posição feminina.

Assim, enquanto o processo neurótico inicia pelo afrouxamento do laço libidinal com a realidade, e a posterior desvirtuação desta realidade, na psicose temos primeiro o abandono radical de um fragmento de realidade sucedido pela sua recriação, em novos termos. Há que, então, a partir de outros textos anteriores de Freud, se nuançar as afirmações contidas em "Neurose e psicose" e em "A perda da realidade na neurose e na psicose", segundo os quais na neurose teríamos um conflito entre o *eu* e o *isso*, enquanto na psicose teríamos um conflito entre o *eu* e a realidade externa. Como vimos, a neurose também termina por implicar um confronto entre o *eu* e a realidade externa, assim como a psicose não deixa de se apresentar como uma luta entre o *eu* e o *isso*. No caso da moça paranóica exposto por Freud no texto de 1915 e aqui comentado, o conflito mais importante é aquele que se estabelece entre o *eu* e o *isso*, aquele a serviço do supereu. Todo o episódio psicótico desencadeou-se a partir do momento em que o *isso* começou a fazer suas exigências no sentido de alcançar satisfação amorosa com os homens. O complexo materno, fazendo as vezes de superego, impediu a expansão do *isso*, de forma que a heterossexualidade incipiente da moça permaneceu não-realizada.

Em segundo lugar, a utilização por Freud, nestes dois textos, da noção de realidade externa deve necessariamente ser aprofundada, se quisermos ser fiéis ao pensamento freudiano. Lembremo-nos de que a realidade externa para Freud, a partir do *Projeto* de 1895, é perdida desde sempre, na medida em que *das Ding* não é reconhecida pelo aparelho psíquico, que vai no entanto operar desde o início com *die Sache*, isto é, a coisa representada. Quando Freud, ao longo da obra, se refere ao teste da realidade, está se reportando a um processo inteiramente definido dentro da esfera da realidade psíquica, isto é, o cotejamento entre uma representação recordativa e uma representação perceptiva; e toda diferença que for identificada entre estas duas representações será definida pelo aparelho como uma diferença que se articula ao complexo de castração, enquanto símbolo de toda perda sofrida pelo aparelho. Devemos dizer, então, que a realidade externa a que Freud se refere deve ser nomeada como realidade da castração. Neste sentido, retomando as afirmações anteriormente pontuadas, vamos dizer que, na neurose, o *eu*, em sua dependência da realidade da castração, suprime em um primeiro momento um fragmento do *isso*, para em seguida desvirtuar e fugir desta realidade, impondo parcialmente, via sintoma, seus impulsos incastráveis. Na psicose, por sua vez, esse mesmo *eu*, a serviço das pulsões do *isso*, se afasta da realidade da castração, rejeitando-a.

Capítulo III

O Caso Aimée: Primeiro Posicionamento Teórico de Lacan no Campo das Psicoses

O encontro de Jacques Lacan com a psicanálise se dá, de forma conseqüente e definitiva, na década de trinta. Jovem psiquiatra francês, realiza sua iniciação profissional em meio a um ambiente de forte controvérsia no campo psiquiátrico, no qual a tradição clínica francesa desempenhava papel decisivo. Se sabemos que a psiquiatria é um conjunto de saberes que encerra pontos de vista doutrinários bastante diversos entre si, a primeira metade do século XX marcou-se todavia pela intensificação do debate entre as escolas. Após um trabalho exaustivo e secular que partira da iniciativa de Pinel no século XVIII, a clínica psiquiátrica havia reunido uma enorme quantidade de observações inicialmente dispersas em um conjunto razoavelmente coerente de entidades clínicas minuciosamente descritas em suas sintomatologias e em seu curso evolutivo. Kraepelin, no início do século XX, ao lançar o seu tratado psiquiátrico, em suas diversas reedições, consolidara de forma praticamente definitiva a estrutura do edifício nosográfico. Uma vez assentadas essas bases, o quase consenso atingido no campo clínico fez com que as atenções se voltassem então para a questão da etiologia das psicoses e das neuroses.

Se não havia mais dúvidas fundamentais quanto às entidades clínicas e suas sínteses descritivas, encontrar os principais fatores determinantes das doenças mentais se afigurava então como a grande tarefa a se realizar.

Perspectivas discrepantes e eventualmente até mesmo francamente incompatíveis passaram então a disputar entre si pela hegemonia do discurso psiquiátrico, a fim de estabelecer-se como paradigma para a compreensão médica das psicopatologias.

É neste momento, 1932, que Lacan, aos 31 anos, publica sua tese de doutorado em psiquiatria, intitulada "Da psicose paranóica em suas relações com a personalidade", na qual procura se posicionar doutrinariamente e dar sua contribuição ao debate em questão. O tema de nosso capítulo são precisamente as idéias apresentadas nessa tese que, mesmo sendo marcadamente psiquiátrica, vai no entanto definir a trajetória lacaniana em direção à psicanálise. Diferentemente do que usualmente se supõe, as questões que alimentam a polêmica psiquiátrica não são de forma alguma sem conseqüências ou pontos de contato com os problemas que se colocam no terreno da teoria psicanalítica; pelo contrário, há neste caso uma intrincação considerável entre as doutrinas, e entre estas e o campo filosófico. Iremos ver que é justamente por haver participado deste debate e tomado uma posição – posição singular – que Lacan irá aportar na psicanálise marcando uma diferença e ocupando um lugar que terá sucesso em evitar as principais armadilhas teóricas que se apresentavam na época e que se apresentariam no futuro como obstáculos ao avanço da reflexão psicanalítica.

TRABALHANDO COM A SINGULARIDADE

A primeira tomada de posição doutrinária por Lacan na tese consiste em sua escolha metodológica. É sabido que a nosologia psiquiátrica se constituiu a partir do privilégio conferido pelo discurso médico à observação clínica, como mostrou muito bem Foucault em *Nascimento da clínica*, observação esta que visa encontrar as manifestações sintomáticas de uma lesão patológica determinante, porém não diretamente visível senão através de seus sintomas manifestos. Neste procedimento – que se tornou canônico a partir de Bichat – o médico, no caso o psiquiatra, procura agrupar os diversos sintomas em entidades clínicas distintas, realizando sínteses descritivas. Estas sínteses, como já diz o nome, surgem a partir da eliminação das peculiaridades de cada caso, dando-se a ênfase aos traços gerais compartilhados pelos diversos casos que serão enquadrados dentro de um conjunto que constituirá a entidade clínica. Se nos ativermos, por exemplo, aos procedimentos metodológicos de Kraepelin, vamos ver que este definia uma entidade clínica a partir da observação de uma gama muito grande de casos, extraídos de um acervo extenso.

Lacan, seguindo neste aspecto o ponto de vista de Jaspers, vai executar em sua tese um procedimento diametralmente oposto ao de Kraepelin. Trata-se de realizar uma monografia psicopatológica aprofundada, em que a proposta do pesquisador será a de apreender, da forma mais minuciosa possível, o máximo de informações sobre o caso em questão. Ali onde a doutrina clássica induzia à reunião dos traços gerais compartilhados, Lacan irá privilegiar as singularidades do caso. Desta forma, sua aposta é que os determinantes decisivos das psicoses só poderão ser encontrados e nitidamente definidos a partir de um estudo detalhado e até mesmo exaustivo da história vivida do sujeito. A idéia que Lacan extrai de Jaspers é a de que justamente o procedimento metodológico de rotina no campo psiquiátrico impede a apreensão correta do que está em jogo na psicopatologia. Será somente executando essa apreensão cuidadosa do caso que se poderá perceber de que forma as psicoses mantêm relação privilegiada com a personalidade.

Evidentemente, este tipo de estudo não se encaixa muito bem no paradigma observacional, o que não deixará de gerar estranhezas na tese, na medida em que Lacan, ao mesmo tempo que procura sustentar seu trabalho de pesquisa a partir da posição de um observador o mais neutro possível a fim de garantir a objetividade da observação, "nua de preconceitos", na prática utiliza quase que o tempo todo uma escuta do discurso da paciente e de seus familiares, inserindo-se no contexto familiar da psicótica, produzindo com isso uma importante dinâmica transferencial, a qual não deixará de afetar decisivamente o trabalho da tese. Vê-se, a partir deste exemplo, que já havia uma série de impasses no posicionamento lacaniano, impasses fecundos que o levariam a buscar uma outra filiação doutrinária, capaz de satisfazer suas convicções clínicas e teóricas, o que somente a psicanálise, como iremos mostrar, poderia oferecer.

A monografia psicopatológica consistirá, então, no estudo de um caso de psicose, o da senhora Marguerite Anzieu, a qual Lacan acompanhou durante um ano e meio, enquanto esta esteve internada no hospital Sainte-Anne, onde aquele trabalhava. À medida que estuda o caso, Lacan interroga o saber psiquiátrico, a fim de classificar nosograficamente e apreender os determinantes desta psicose. Duas grandes interrogações acompanharão todo o trabalho da tese e não deixarão de questionar e deslocar quase todos os pontos teóricos estabelecidos que vão se apresentar ao longo da tarefa. Primeiramente: que diagnóstico se aplica a esta psicose? Em seguida, o que determinou a psicose desta paciente: fatores orgânicos e/ou fatores psicogênicos? Estas duas questões fundamentais só poderão ser adequadamente respondidas, segundo Lacan, precisamente na medida em que a pesquisa da tese segue o procedimento metodológico da monografia psicopatológica.

Vamos então proceder à descrição do caso, tal como este se encontra exposto na tese de Lacan e enriquecido pelo belo livro de Jean Allouch *Marguerite ou a Aimée de Lacan* – de 1993 –, para então podermos partir para a discussão acerca das duas interrogações essenciais acima apresentadas e assim apreender a concepção lacaniana das psicoses neste primeiro período de sua trajetória intelectual, se é que se pode rigorosamente sustentar que Lacan, a esta altura de seu percurso, já apresentava um ponto de vista original e coerente o suficiente para que se possa dizer que se trata de uma concepção propriamente lacaniana das psicoses, e não antes um certo posicionamento de Lacan dentro do campo teórico e clínico psiquiátrico acerca da questão das psicoses.

Com o objetivo manifesto de poupar a paciente de uma publicidade indevida, expondo-a como objeto de um trabalho psiquiátrico, Lacan decide renomear Marguerite Anzieu através de um pseudônimo, "Aimée" – amada –, que é o mesmo nome da heroína de um dos romances escritos pela paciente. Como nos mostra muito bem Allouch, em sua leitura crítica da tese lacaniana[1], leitura à qual nós nos referiremos com freqüência neste capítulo, a escolha dos pseudônimos por Lacan na tese traz embutidas várias inferências do autor. Além de Aimée, a quem muitos anos

---

[1] Allouch, J., *Margueritte ou a Aimée de Lacan*, Companhia de Freud, Rio de Janeiro, 1997.

depois – em 1975 – ele descreverá como tendo sido realmente "muito tocante", temos o exemplo de "C. de la N.", a amiga de Aimée que será designada pelo delírio como a primeira perseguidora. "C. de la N." é homófono de "C'est de la haine" – é o ódio. São pseudônimos que deixam perceber a interpretação lacaniana do caso, bem como seu envolvimento nada neutro com a paciente, como era seu objetivo manifesto na tese.

A HISTÓRIA DE UMA PSICOSE

No dia 18 de abril de 1931, Aimée comete um atentado contra uma célebre atriz do teatro francês, Huguette ex-Duflos. Ela espera a atriz na entrada do teatro em que esta irá representar nessa noite o papel principal na peça "Tudo vai bem". Quando esta chega, Aimée a aborda e interroga, logo em seguida dando-lhe uma facada da qual a atriz consegue se defender acabando por se ferir apenas na mão. Aimée é dominada e presa em seguida, sendo a agressão amplamente noticiada pela mídia nos dias seguintes. No mesmo dia do atentado, diante do delegado, Aimée teria dito, segundo os jornais, que o ataque à atriz se dera como reação ao fato de que esta a teria remedado no palco ao longo da peça, expondo-a ao ridículo com o objetivo de humilhá-la, revelando em público sua vida íntima. Isso a atriz faria em conluio com o célebre romancista Pierre Benoit, cujos livros foram adaptados para o teatro tendo como protagonista de suas peças a senhora Huguette. Os dois perseguiriam Aimée, que teria agido no sentido de interromper aquela exposição iníqua de sua vida privada.

Na prisão, Aimée, que tem 39 anos nesta época, mantém inicialmente sua versão, sem se arrepender do gesto criminoso cometido, sem parar também de delirar e aparentemente indiferente diante da informação de que a atriz logo se recuperaria do atentado. Neste ponto, Lacan conclui inicialmente que o caso, apesar de ser indubitavelmente uma psicose, com certeza não se tratava de um "delírio passional", uma vez que este tipo de quadro tem por característica principal um delírio que leva o sujeito a cometer um crime passional, mas que, após a passagem ao ato, provoca logo em seguida a dissolução do delírio, assim como o sentimento geral de alívio no sujeito. Em Aimée, como vimos, o atentado não produz nenhuma redução imediata do delírio, mas, ao contrário, mantém-na tão agudamente em crise quanto antes. Após vinte dias de encarceramento, porém, ela concluirá repentinamente que a atriz não teria nada a ver com sua vida e sente remorso e vergonha pelo ato cometido. O delírio, segundo Lacan, cai de uma só vez, assustando as colegas de cela da paciente, que teriam se solidarizado com suas reivindicações delirantes. Aproximadamente um mês depois, ela será internada no Sainte-Anne, passando aos cuidados do Dr. Lacan, que vai então manter entrevistas diárias com a paciente ao longo do período em que escreve sua tese.

Segundo ele nos conta, não se tratou de um tratamento psicanalítico, mas tão somente de entrevistas psiquiátricas visando extrair informações a fim de esclarecer a história da doença e a história vivida da paciente. Lacan observa que o estado geral de Aimée durante o período em que a acompanha é estável. O relato da paciente parece-lhe sempre bastante lúcido, mas ele concluirá que o delírio se mantém "em reserva", isto é, apesar das manifestações esclarecidas e orientadas da paciente, esta não deixa de dissimular, de forma que há momentos em que Aimée pode ser apanhada em contradição, como quando manifesta emoção dificilmente contida ao tocar em temas outrora delirantes. Ela se trai em diversas ocasiões e a opinião geral dos médicos é que a paciente não está curada. Sem dúvida, para Lacan, o delírio caiu, e caiu de uma só vez, mas não foi suprimido, e Aimée não se curou de sua psicose, o que aliás é confirmado por Allouch, que recolheu o relato do filho de Aimée, Didier Anzieu, o qual confirma que a mãe apresentou em outras ocasiões ao longo de sua vida – após a internação, a qual durou doze anos – manifestações delirantes através de crises místicas e períodos de prevalência de idéias persecutórias, embora não tenha nunca mais havido uma descompensação. O delírio então, permanece em reserva e uma série de traços de sua personalidade associados à psicose mantém-se atuante, como veremos.

A psicose de Aimée, entretanto, não começara na época do atentado, pois na verdade ela já havia sido internada alguns anos antes, e o desencadeamento fora mesmo anterior à primeira internação. Para apreendermos então a lógica do caso, será preciso nos remetermos à história vivida da paciente, bem como a alguns fatos da história familiar anteriores ao seu nascimento. Aimée é filha de Jean Pantaine e Jeanne Donnadieu, neta de Marguerite Martin (avó paterna), Marguerite Maisonneuve (avó materna) e Jean Donnadieu (avô materno). O casal Pantaine, pais de Aimée, tem oito filhos, dos quais seis mantinham-se vivos no momento do atentado. Aimée, isto é, Marguerite Anzieu, é a quinta filha do casal, nascida em 1891, embora, na prática, seja a terceira filha viva ao nascer. De fato, em 1890, portanto um ano antes do nascimento de Aimée, Marguerite, a filha mais velha, morre em um trágico acidente doméstico, ao se aproximar demais da lareira em um dia frio; o fogo ateia em seu vestido e a menina de cinco anos morre queimada diante da mãe, que assiste à cena. Alguns meses depois do acidente, a mãe dá à luz uma criança natimorta e, menos de um ano depois, nasce Marguerite Anzieu, a Aimée de Lacan, que, portanto, porta o mesmo nome da irmã morta queimada.

Sem nos estendermos neste ponto, chama a atenção no entanto o jogo de espelhos nos nomes desta família de Jeans, Jeannes e Marguerites. É interessante que Allouch, ao refazer a estória, ouve, da parte de Didier Anzieu, uma outra versão, equivocada, do acidente, versão que fora transmitida por Aimée a Didier e que irá constituir uma verdadeira lenda familiar sobre o ocorrido. Nesta outra versão – notemos que a versão do acidente apresentada por Lacan fora apreendida diretamente com a família de Aimée – a Marguerite morta seria a terceira filha, enquanto Élise – que na verdade era a segunda filha, sendo Marguerite a mais velha – teria sido quem estivera junto a Marguerite no momento do acidente, aquela sendo considerada então não como a segunda filha, mas como a mais velha. Nesta versão familiar, portanto, Élise é quem aparece no lugar da mãe na cena do acidente e promovida a irmã mais velha. Este não é um erro qualquer, mas antes uma lembrança encobridora, a ser depois considerada a fim de apreender a lógica do delírio.

Desde muito nova, Aimée será cuidada maternalmente por Élise, agora realmente a irmã mais velha. Jeanne, em vez de se ocupar de Aimée como mãe, a tomará como amiga, no dizer da família e da paciente, que teria tido na infância privilégios negados aos outros irmãos, como roupas mais finas e a perspectiva de avançar mais nos estudos. Considerada a filha mais inteligente, será preparada para ascender à posição de professora primária, o que, para uma família de camponeses analfabetos, era tomado como uma posição destacada. A ligação afetiva entre Aimée e a mãe na infância fora muito forte, e as duas enfrentavam juntas uma suposta tirania paterna, pai que se via excluído portanto da vida a dois de mãe e filha. Mesmo depois da suposta cura, Aimée se emocionava ainda ao referir-se à mãe e costumava afirmar: "Eu devia ter ficado junto dela". Entretanto, fora a paciente quem decidira romper o idílio, ao "recusar-se" a ser professora primária, tendo sido reprovada em um exame para o qual sem dúvida estava capacitada. Aimée consegue então transmitir a função que lhe estava destinada ao irmão mais novo, o qual realmente terminou por assumir tal profissão.

Segundo o relato de Lacan, Jeanne, mãe de Aimée, muitos anos antes da eclosão da psicose na filha, já manifestava um delírio em potencial, com diversas idéias persecutórias relacionadas aos vizinhos porém sem desencadear uma crise. Segundo a família, ela seria afetada por uma "loucura de perseguição". A família dá a entender, sem explicitar, que a perseguição teria começado após o acidente fatal em que a mãe esteve envolvida com a filha morta queimada. Lacan sustenta que esta disposição algo difusa da mãe ao delírio viria de muito tempo mas que teria se fixado definitivamente por volta de dez anos antes do atentado de Aimée "num sentimento de ser espiada, escutada pelos vizinhos, temor que a fazia recomendar a leitura em voz baixa das cartas que, analfabeta, tem que pedir que leiam para ela"[2].

Após o atentado cometido por Aimée, entretanto, sua psicose eclodiu plenamente, atribuindo a uma vizinha a razão de todos os males ocorridos e isolando-se radicalmente em casa em um mutismo negativista.

Da adolescência de Aimée, tem-se somente a informação de que manifestava tendências a manter devaneios solitários, marcados por sentimentos de expansão na comunhão com a natureza e na nostalgia pela vida infantil, traços que irão reaparecer no texto de seus escritos posteriores. Aos dezoito anos, segundo Lacan, Aimée apresenta as primeiras manifestações de fraqueza psíquica: abulia profissional, ambição inadaptada

---

[2] Lacan, J., *Da psicose paranóica em suas relações com a personalidade*, Forense Universitária, Rio de Janeiro, 1987, p. 219.

e necessidade de direção moral, o que o leva a aproximar a sua constituição ao caráter psicastênico de Janet. Estes primeiros distúrbios aparecem após a reprovação da paciente nos exames que a conduziriam à formação para professora primária. É de se notar que as manifestações sintomáticas têm seu início portanto logo após o rompimento com a mãe, com os planos que esta tinha para ela, ruptura devido à qual Aimée sempre terá remorsos no futuro. Chama a atenção também o fato de que sua adolescência tenha sido praticamente sem manifestações da sexualidade. As estórias familiares reportam somente a um episódio sugestivo. Um dia, Aimée atrasou-se enquanto se arrumava para uma saída em grupo, de forma que foi sozinha encontrá-los e para isso resolveu tomar um atalho pelo campo. Por inabilidade, irritou um touro, do qual escapou por muito pouco. Esse touro depois voltou com freqüência em seus sonhos e em seus escritos, sendo tomado como um sinal de mau agouro.

Um amor bem abstrato

Aos 18 anos, Aimée é aprovada em concurso para os Correios e passa três meses na casa de sua irmã Élise antes de ser transferida. Durante estes meses vive sua primeira experiência de amor, com um poeta do vilarejo. O namoro dura um mês, com poucos encontros, e é com ele que Aimée tem sua primeira relação sexual. Apesar de ter sido uma relação muito rarefeita, quase sem diálogos com o poeta, Aimée contrairá uma paixão aparentemente intensa que irá permanecer durante os próximos três anos em que morará só em um outro vilarejo onde vai trabalhar, mantendo-se sempre fiel ao poeta, o qual, por sua vez, nunca lhe deu atenção. Em nome deste relacionamento que se torna altamente platônico e até mesmo abstrato, ela irá recusar diversas possibilidades de estabelecer contato com rapazes que procuram se aproximar. Lacan percebe nisto a manifestação precoce de sua impotência, o apragmatismo sexual que irá sempre marcar sua vida. Interiorização, gosto pelo tormento sentimental, valor moral, traços que o autor da tese reconhece como típicos do caráter sensitivo de Kretschmer.

Após estes três anos, Aimée bruscamente passa a odiar e repelir a memória do poeta do vilarejo e é também o momento de uma nova mudança a trabalho; irá para Melun, onde permanecerá por muitos anos, e é onde se dará o seu casamento. Nesta nova cidade, estabelece uma amizade estreita com a moça que Lacan irá nomear como "C. de la N." e que irá exercer sobre Aimée uma forte influência, esta permanecendo na sombra da amiga que assume sua direção moral. Associada a essa amiga, ela sente desprezo pelas outras colegas do posto do correio, o que termina por consolidar-se em um desprezo por seu próprio sexo; acha as mulheres em geral fúteis e deixa escapar diante de C. de la N. que se sente masculina, o que a amiga ratifica. Aliás, a família relata que desde bem jovem Aimée tinha um certo ar de rapazinho, com seu cabelo cortado curto e seus modos pouco femininos. Apesar do laço com a amiga ser marcado por um forte puritanismo que as fazia sentirem-se diferentes e superiores ao resto do grupo, Aimée confessa que mantinha nesta época uma espécie de reserva na relação com a amiga, um jardim secreto do qual C. de la N. não suspeitava a existência. Neste outro lado de sua personalidade, manifestava-se um impulso à desordem, numa série de aventuras com os homens em que sua "virtude" era salva por muito pouco. As aventuras, entretanto, não deixavam de ser acompanhadas pela frieza sexual que lhe era característica; justificavam-se todavia na medida em que ela manifestava alimentar uma grande curiosidade sobre os homens, querendo conhecê-los melhor.

Ao fim de quatro anos, Aimée decide então que é chegado o momento de se casar. Não fica claro o motivo que a leva a tomar essa decisão, mas o fato é que realiza a escolha a partir de critérios práticos. René Anzieu lhe parecera capaz de oferecer segurança material. A família da paciente, entretanto, coloca-se a princípio desfavorável ao casamento, tentando fazer ver a Aimée que seu temperamento propício ao devaneio não combinará muito bem com as exigências concretas da vida conjugal. Apesar de tudo, o casamento ocorre, em 1917. Logo, porém, o surgimento de uma série de sintomas demonstra que, se do ponto de vista formal há casamento, do ponto de vista subjetivo no entanto uma mudança de posição não aconteceu. Aimée mantém-se, como nos é relatado na tese, frígida sexualmente, com tendências ao isolamento ligadas ao vício da leitura, mutismos que duram semanas, demoras nas ações, abulia, perseverações, impulsões bruscas no andar, risos intempestivos e imotivados, fobia de mácula e lavagens intermináveis e repetidas das mãos.

Uma estranha no ninho

Após oito meses de casada ocorre um fato importante: sua irmã mais velha, Élise, perde o marido na guerra e vem então morar na casa de Aimée. Lacan dá grande importância a esse acontecimento atribuindo à presença da irmã a acentuação dos problemas do casal. É evidente que a simples presença de Élise, por contraste, faz ressaltar as enormes insuficiências de Aimée quanto a sua suposta posição de mulher casada. Lacan conclui do que ouve nos relatos familiares que a chegada de Élise equivale a uma destituição de Aimée de seu lugar de esposa junto a René.

Allouch relativiza esta questão em sua leitura crítica da tese, e tendemos a concordar com sua avaliação. É fato, todavia, que Lacan teve razão em sustentar a hipótese da destituição, tanto que Élise e René terminarão juntos. Tendo caráter sensitivo e psicastênico, Aimée, ao mesmo tempo que não tinha forças para reagir à intrusão da irmã, por absoluta falta de disposição psíquica, fraqueza que sempre a levou a preferir as abstrações e os devaneios, não conseguia simplesmente abandonar uma posição que sabia já não ser mais sua e passar para outra coisa; antes, sentia aquilo tudo como uma humilhação moral que não deixava mais sua consciência em paz, retornando-lhe como condenação ética a cada vez que uma reprovação real de um ato seu provinha da irmã. Para Lacan, a personalidade de Aimée não lhe permitia reagir diretamente assumindo uma postura combativa, como seria a reação tipicamente paranóica, afinal tratava-se de sua irmã, que lhe havia dispensado cuidados em sua infância. De qualquer maneira, como vimos, o fracasso no laço conjugal não precisou esperar pela chegada da irmã para se manifestar. Élise apenas se inseriu em um contexto no qual não havia efetivamente mais casamento, o que entretanto ainda iria precisar de alguns anos para tornar-se explícito.

O início da cizânia

Apesar de tudo, em 1921, com quatro anos de casada, Aimée engravida pela primeira vez, e agora temos então a manifestação não mais sugestiva, periférica, mas antes a clara eclosão de sua psicose. Começa a perceber que as pessoas a observam com desprezo na rua, que a caluniam, as conversas a visam, querem acusá-la de depravada. "Por que fazem isso comigo? Eles querem a morte de meu filho. Se esta criança não viver, eles serão os responsáveis"[3].

Tem pesadelos com caixões; um certo dia, fura com a faca os pneus intumescidos da bicicleta de um colega; uma noite, levanta-se para jogar um jarro de água no marido. O delírio, entretanto, permanece difuso e não-sistematizado. Em seguida, nasce uma criança natimorta. Aimée cai então em grande confusão e acusa a antiga amiga, C. de la N., de ser a responsável pela morte de seu filho. A amiga deu o azar de ligar justamente logo após o acidente. É a primeira sistematização do delírio, configurando uma perseguidora específica, e é também o momento em que Aimée abandona a religião.

Uma segunda gravidez meses depois faz retornar o quadro persecutório, com interpretações delirantes e uma série de incidentes com vizinhos. Em julho de 23 nasce um menino saudável, nomeado Didier Anzieu. Aimée lança-se com ardor aos cuidados do filho, mas durante a amamentação se torna cada vez mais interpretante, sentindo-se muito perseguida. Todos querem matar seu filho. Sem avisar aos familiares envia um pedido de demissão aos Correios. Ela pretende imigrar, só, para os EUA, onde iria dar início a uma carreira bem-sucedida de romancista. Nos cuidados com o filho, ora é muito atenciosa, ora absolutamente negligente, até que um dia ocorre um incidente em que o menino, com um ano, lambe a graxa de seu carrinho sem que a mãe se dê conta. Isso determina que Élise passe a assumir a responsabilidade materna pela criança. Aimée sente então que ela e o marido não são mais nada um para o outro. Os acontecimentos se precipitam: é posta em disponibilidade nos Correios por motivo de doença mental; seu pedido de passaporte para a América é autorizado e a insistência em partir termina por provocar sua primeira internação psiquiátrica, a pedido de René.

Aimée permanecerá internada por seis meses e, ao sair, não é considerada curada, porém está mais calma. Durante a internação, o diag-

---

3 Ibidem, p. 253.

nóstico é de delírio de interpretação, o que coloca a psicose de Aimée dentro do campo das paranóias. No delírio de interpretação, descrito por Sérieux e Capgras, a interpretação é o mecanismo predominante, o doente assumindo uma postura de decifrar tudo, de acordo com um sistema fundamental de significação, e a interpretação delirante sendo então conceituada como uma inferência de um conceito errôneo a partir de uma percepção exata. Este delírio, dentro das paranóias, distingue-se do delírio de reivindicação, que se mostra mais sistematizado a partir de uma idéia prevalente específica, enquanto no delírio de interpretação tudo se passa de uma forma mais difusa, constituindo não um ponto central, mas uma organização em rede ou um mosaico de interpretações. É justamente esta disposição em rede que vai fazer com que Aimée acabe por agredir a atriz teatral, reconhecendo depois que o atentado poderia muito bem ter atingido a antiga amiga C. de la N. caso esta surgisse na cena no momento de agitação. Aimée nunca irá concentrar o sentimento de perseguição em torno de um só protagonista por tempo prolongado, mas irá difundi-los ao longo do tempo. Por todos estes fatores, Lacan sustenta que o tipo de psicose apresentada por Aimée não costuma chegar a atos significativos de violência e, quando o faz, isso só se dá após um longo período de evolução delirante, durante o qual muitas tentativas de solução dos sofrimentos se mostraram infrutíferas. O delírio de reivindicação, no entanto, mostra-se muito mais perigoso socialmente, pois costuma conduzir brevemente ao desfecho violento, sem muitas mediações.

Uma grande romancista...

Após a internação, Aimée retorna às tarefas maternas junto a Didier, o que cumpre razoavelmente a contento. Mas não quer mais permanecer em Melun. Reintegrada em seu posto nos Correios, é então transferida, a seu pedido, para Paris, onde vai morar só. Essa mudança se dá seis anos antes do atentado, e seus motivos não ficam bem claros. Aimée diz primeiramente a Lacan que queria afastar-se de Melun devido ao sentimento de vergonha diante dos colegas por ter passado por uma internação psiquiátrica. Posteriormente, tendo adquirido mais confiança no médico, sustenta que guardava grande inquietude na época; afinal, pensava, quem seriam os misteriosos inimigos que na verdade a perseguiam? De que forma deveria ela realizar o grandioso destino que lhe estava reservado? Ela deveria então sair de sua cidade a fim de encontrar as respostas para estas questões. Embora a primeira justificativa para a mudança seja bastante plausível, as afirmações posteriores mostram-se bem mais coerentes do ponto de vista da evolução da psicose.

Percebemos que, de alguma forma, a primeira sistematização do delírio, com a colocação de C. de la N. na posição de perseguidora-mor, não foi suficiente para oferecer a Aimée aquela espécie de apaziguamento e estabilidade emocional mínima que os delírios costumam proporcionar ao sujeito uma vez sistematizados. Por algum motivo, Aimée precisava integrar novos elementos ao delírio a fim de resolver as questões primordiais que sua psicose lhe impunha.

Por outro lado, a primeira parte da evolução delirante não deixa de nos permitir traçar um delineamento provisório da lógica dessa psicose. Aimée surta precisamente por ocasião de dois estados de gravidez. As idéias delirantes que surgem são de caráter persecutório, girando em torno de dois pontos centrais: de um lado, uma espécie de degradação pública de sua imagem. Falam dela, ela é caluniada nas ruas, divulgando-se uma imagem de mulher vulgar e prostituída, dada a vícios extraordinários; de outro lado, as ameaças recaem sobre a criança, a quem desejam matar. Ora, uma leitura freudiana clássica torna evidente, entre outros aspectos, que os sonhos em que Aimée vê caixões são sonhos que revelam seus desejos. O delírio aparece então como um desvio diante de um desejo assassino dirigido ao filho, exacerbado precisamente no momento de sua gravidez. Nada mais explícito que o ataque a facadas sobre os pneus da bicicleta, intumescidos como o ventre de uma mulher grávida. Se ela se sente tratada como puta pelos transeuntes, reconhecemos então, distorcido pela projeção, seu desejo sexual, o qual, por alguma razão ainda não esclarecida, não podia se afirmar, ou não podia se sustentar sem o anúncio público que teria por conseqüência a degradação da mulher em prostituta.

Tornam-se então um pouco mais inteligíveis as razões da mudança para Paris. Aimée realmente ainda não encontrara respostas para suas principais questões. Se a ameaça à criança já estava equacionada com a designação de C. de la N. como perseguidora, nada tinha ainda vindo solucionar sua interrogação acerca da sexualidade feminina, a qual, no entanto, não deixava de insistir, recolocando-se. É então em Paris que Aimée pretende encontrar seu destino, a Paris que justamente era por ela considerada como a cidade da devassidão, onde todas as mulheres teriam algo de prostitutas, sobretudo se comparadas às mulheres do campo, consideradas por ela como sendo "mais potáveis".

Ainda um fator a destacar: Aimée agora busca o apoio das letras; tornar-se-á romancista e assim derrotará seus perseguidores. É importante destacar que Lacan, ao longo da tese, não faz esta leitura freudiana do delírio, e assim a questão da ameaça à vida da criança permanece um ponto obscuro que a versão diagnóstica proposta na tese deixa inexplicada. Voltaremos a este ponto mais à frente.

Saberemos, pelas declarações de Aimée no período do atentado, que a partida de Melun se deveu ainda a uma motivação suplementar: o apelo de Pierre Benoit, o célebre romancista. Desde 1924, no momento anterior à primeira internação, o impulso de deixar a França já estava ligado pela paciente a uma suposta imposição do romancista para que ela largasse o marido, pois pensava na época que a obrigariam a juntar-se ao escritor em uma ligação espiritual. Sabemos que no momento do atentado Pierre ocupava a função de um dos dois perseguidores principais, junto a Huguette. Seus livros dedicar-se-iam, precipuamente, a expor a vida, sobretudo sexual, da paciente. Aimée sentia-se visada quando, por exemplo, em um dos romances do autor lia: "Que, andar, que graça, que pernas". Era Pierre Benoit zombando dela. Lacan atribui, com muita perspicácia, essa eleição do romancista ao posto de perseguidor como sendo equivalente ao estágio de despeito do delírio erotomaníaco. Em 1924, no entanto, o escritor ocupava ainda o lugar de poderoso protetor e amante de Aimée, capaz de levá-la a movimentos de fuga e, posteriormente, de aproximação.

Guardemos a lembrança de que a ida a Paris está associada ao recurso à letra, tão freqüente nos psicóticos. Aimée seria uma grande romancista, essa era a aposta. Neste ponto Lacan percebe que a erotomania constituía uma dimensão nada desprezível da psicose daquela mulher. Desde o romance com o poeta do vilarejo, marcado acima de tudo pelo platonismo, já se tratava de uma relação erotomaníaca. Do poeta, ela passa ao escritor. O momento de chegada a Paris, portanto, apresenta um delírio que articula três temas maiores: perseguição, dirigida a Aimée e à criança; grandeza: sua vida era motivo de livros e peças teatrais, matérias jornalísticas, etc; erotomania: cercada de platonismo, homens poderosos a amavam e protegiam contra os perseguidores. Nesta configuração, entretanto, o equilíbrio subjetivo ainda não fora alcançado, a grandeza de Aimée e mesmo toda a potência de seus protetores não eram suficientes para protegê-la e a seu filho da trama dos perseguidores, de forma que vamos continuar a acompanhar transformações e reviravoltas nas crenças delirantes, movidas por uma inquietude básica que não se deixa apaziguar.

Em Paris, Aimée cada vez mais se afasta de seus familiares, passando a ver Didier somente nas férias e, mesmo assim, há períodos em que decide permanecer na capital a fim de dedicar-se à literatura, após ter despendido três anos em estudos para o seu *baccalauréat*, no qual fracassa as três vezes. Lê muito, e sua vida se concentra fortemente nas tramas auto-referentes que encontra nos romances. A esse respeito, tem um encontro com Pierre Benoit, a quem interroga acerca dos motivos que o teriam levado a buscar na vida de Aimée a inspiração para seus livros. É por volta desta época (1927-28) que se dá a virada na relação com o escritor, de amante apaixonado a perseguidor odiado.

A ALIENAÇÃO A UMA IMAGEM IDEAL

Passa-se mais um ano e o mais marcante é que sua ansiedade cresce, assumindo uma intensidade preocupante. Assedia um jornalista comunista a fim de que este publique um artigo seu em que faz acusações a Colette, uma importante romancista. Este se recusa a atendê-la e o episódio rende a Aimée uma admoestação bastante ríspida por parte da polícia. No ano de 1929, aproximadamente, vamos ver a entrada no delírio das mulheres de letras e de fama que irão se constituir em suas principais perseguidoras. Colette representava muito bem esse tipo. Escritora de renome, gostava de chocar o público com escritos que beiravam o pornográfico, assumindo-se como mulher livre e sexualmente satisfeita, um perfil muito parecido com o de Huguette, que acabará sendo a escolhida para o papel de protagonista no delírio.

Lacan nota que estas mulheres que perturbam a paciente e a quem ela se refere como putas não deixam de representar o ideal que Aimée buscava para si, justamente por serem mulheres, mulheres independentes e reconhecidas como artistas, enquanto a paciente não obtinha qualquer sucesso em suas tentativas de alcançar a glória. É a partir destas manifestações que o autor da tese terá sua atenção despertada para a questão das relações narcísicas e de identificação nas psicoses, o que praticamente irá depois marcar-se como sua porta de entrada para a psicanálise, a partir de seu célebre artigo sobre o estádio do espelho na formação do eu, de 1936. É a si mesma enquanto imagem ideal que Aimée vê nas figuras destas mulheres brilhantes e sedutoras, e Lacan irá concluir na tese que a psicose, neste caso, está articulada a uma parada no desenvolvimento psicossexual da personalidade, permanecendo o psicótico alienado a um objeto eminentemente narcísico, em uma dinâmica anal, sob a soberania constante do superego, cuja gênese se daria neste estágio. Esta concepção o leva a propor para o tratamento das psicoses uma "psicanálise do eu", que trabalhasse sobretudo com as resistências narcísicas do psicótico, ao invés de uma "psicanálise do inconsciente", adequada para neuróticos.

No ano de 1930, a situação começa a se tornar intolerável para Aimée. Agora a psicose se manifesta por um sentimento de urgência que a leva a concluir que "algo tem que ser feito". A ameaça contra seu filho assume uma intensidade paroxística. Após se comportar de forma injuriosa para com seus chefes e apresentar queixas caluniosas contra colegas, é obrigada a trabalhar isolada em local confinado. Nesta época, em que Pierre Benoit e Huguette ex-Duflos já são os seus grandes inimigos, Aimée encontra um novo e mais poderoso objeto erotomaníaco: o príncipe de Gales, cujas fotografias e entrevistas vão decorar as paredes do quarto da casa da paciente. Ela lhe escreve cartas, envia presentes, mas tem o cuidado, pelo menos no início, de não assiná-las.

Nas vésperas do atentado, acreditava que nos muros de Paris estavam colados cartazes em que Pierre Benoit era avisado de que se não parasse com tudo aquilo haveria uma represália. Era o príncipe, protetor de Aimée, quem teria mandado colocar lá os cartazes a fim de intimidar seus inimigos. Essa erotomania que eleva o príncipe ao estatuto de protetor, como vimos, já era um recurso por ela utilizado há muito tempo e que, no entanto, não havia nunca conseguido estabilizar o delírio. Se quisermos apreender as razões desta insuficiência, será preciso estudar mais atentamente o teor do delírio erotomaníaco que liga Aimée ao príncipe de Gales. Em meio às diversas declarações que ela faz ao príncipe, há um poema muito interessante e bastante revelador dos mecanismos psíquicos envolvidos, o qual aliás não passa despercebido na leitura lacaniana, que o enquadra nas "declamações reivindicatórias". Esse tipo de procedimento adotado pelo autor da tese, detalhístico, e que termina por apresentar no estudo um material muito maior do que os recursos teóricos do momento conseguem tornar inteligíveis, mostra-se bastante próximo do que se pode observar nos trabalhos iniciais de Freud, sobretudo em *Estudos sobre histeria* (1895), em que se podem acompanhar casos extremamente bem descritos, cujos fatos clínicos superavam em muito o estreito aparato teórico da teoria catártica e que somente bem mais tarde poderão ser adequadamente articulados conceitualmente. A nosso ver, isso aponta para a fecundidade de um pensamento que excede a si mesmo. É bem o caso da escolha deste poema, o qual não podia ser teorizado naquele momento, mas que não escapou à escuta lacaniana. Aimée ali escreve:

> (...) Ela responde Príncipe quando lhe dizem Poeta.
> Enlaço um menino que treme à minha porta
> Somos um só, tão o abraço é forte,
> A velha, com muco no nariz, está nas macas,
> Infecta, sórdida, me acabrunha com mofas.
> Segue a multidão das mulheres bêbadas
> Tirando minhas roupas para se cobrirem.
> De repente, eu vejo, praça do Trono
> Ondeando sobre o chão, os brasões, as espadas
> As capas, os escudos, os fofos
> Eu pego a bandeira branca das flores-de-lis
> A criança empurrando meu braço levanta sua haste
> Tremulam em Paris longe das serpentes que rastejam

(...) A multidão impedida, conferencia e fugindo
Me lança uma espada de brilho rebelde
Partimos sozinhos, e a multidão suspeita
Do escaninho das janelas nos espreita ao passar[4].

Este trecho aborda algumas das principais questões de seu delírio. Vemos então que a mulher e a criança mantêm-se unidas, formam mesmo um só. Trata-se sem dúvida da questão da maternidade para Aimée. Mas a velha, com muco no nariz, bêbada, infecta, os persegue, com sua imagem de mulher suja e degradada, que é como a sexualidade se apresenta à paciente. Do trono, porém, Aimée pega a bandeira, erguendo, junto com a criança, sua haste, o que faz obstáculo à multidão persecutória e prostituída de mulheres bêbadas e as leva a fugir. Esta multidão, embora contida, permanece à espreita, vigiando junto às janelas. O recurso erotomaníaco se mostra então como uma maneira de afastar os perseguidores, garantindo a Aimée o acesso à maternidade.

Entre a mãe e a mulher existe uma pedra

Lembremo-nos da confissão envergonhada que ela faz a Lacan acerca de seus devaneios infantis de idealista sonhadora: "Este devia ser o reino das crianças e das mulheres". A bandeira do príncipe garante isso, mas a um certo preço, a saber, o do apagamento da sexualidade feminina. Com efeito, a erotomania se apresenta como antinômica à posição feminina, na medida em que o falo principesco se vê do lado da mãe e do menino, castrando o príncipe. Este falo, sagrado, erguido pelo par, afasta as prostitutas, porém não as golpeia, não as atinge, pois não é um falo feito para o gozo sexual, mas deve antes manter-se sempre ereto, imaculado, muito distante do falo que opera no ato sexual e que termina por depor as suas armas, na detumescência. A detumescência tem que passar muito longe de Aimée, que não a suporta. Torna-se mais inteligível então a queixa, enunciada a certa altura do delírio, segundo a qual

4 Ibidem, p. 193.

seus perseguidores queriam ameaçar seu "cetro". A erotomania lhe permite um amor platônico, mas jamais haverá a imagem de um ato sexual entre Aimée e o príncipe. Para esta psicótica, não ter o falo implica a total degradação, o que sempre foi manifesto em seu discurso, seja em suas posturas masculinizadas, ou na frieza sexual que a marcava, ou mesmo no desprezo ao sexo feminino que sempre manifestou: "... segue a deusa das maquinações infernais com o ventre de pêlos de cães, seguem os delegados com baforadas que infectam, logo uma cabra que sai do teatro francês com uma rosa úmida e viscosa completamente desabrochada para fora..."[5].

A mulher só vale como homem, ou então enquanto fora do sexo; essa sempre foi a divisa de Aimée, desde os tempos de sua amizade juvenil com C. de la N., e mesmo antes, na amizade estreita de menina com a mãe, sustentada no afastamento do pai enquanto representante do sexo masculino. Dessa forma, compreendemos melhor a razão pela qual o recurso erotomaníaco não conseguiu estabilizar o delírio, pois não permite qualquer simbolização da sexualidade feminina, o que entretanto se apresenta como um imperativo para Aimée. Esta leitura, é claro, não comparece na tese, pois Lacan mal conhecia Freud na época. Todavia, ele percebe que a relação amorosa de Aimée com os homens mantinha-se sempre em uma esfera sexualmente neutralizada, platônica.

No final do ano de 1930, ela escreve dois romances, enviando-os para tentar a publicação pela Flammarion. A essa altura, a expectativa da publicação dos livros se configurava para ela como a última esperança para livrar-se do mal. Obtendo reconhecimento, fazendo um nome próprio, com certeza seus perseguidores recuariam, apavorados. Seu delírio, no entanto, é novamente transformado e agora surge um novo tema, até então ausente: a reivindicação. Exige do irmão mais novo, o professor primário, que abandone o emprego e use a pena para se vingar de seus detratores, e é ela também que, através de seus livros, irá devolver as injúrias sofridas.

[5] Ibidem, p. 197.

Lacan comenta que os dois romances estão impregnados dos delírios da paciente, sendo mesmo obras da psicose, o que não lhes retira, entretanto, o valor literário, na opinião do autor da tese, que aliás ajudou a publicá-los. Além da reivindicação social, Aimée está cada vez mais exaltada e reivindicadora junto à família, a quem solicita seu divórcio: pretende deixar a França com o filho. "Eu quero me divorciar e ficar com a criança. Estou pronta para tudo, senão o matarei". A família teme tanto pela vida de René quanto pela do menino. Neste período, Aimée acredita que o ataque a seu filho é iminente e aparece sucessivamente junto a ele para vigiar e protegê-lo, comportando-se de forma a causar inquietude em seus familiares. No final do ano o primeiro romance *Le Détracteur* é recusado pela Flammarion, e Aimée agride a funcionária que lhe transmite a recusa, tentando estrangulá-la. É multada pela polícia em 375 francos e só não é presa porque a funcionária retira a queixa. Parece então que seus recursos pacíficos vão se esgotando e sua agressividade preocupa cada vez mais a família. No dia 18 de abril de 1931, às 20:30 h, comete então o atentado contra Huguette ex-Duflos e é presa.

Que diagnóstico?

Lacan coloca então a difícil questão do diagnóstico desta paciente, que parece escapar das principais categorias clínicas psiquiátricas. O quadro psicótico é, sem dúvida, dominado pelo delírio, que se apresenta como sistematizado, impressionando pelo grau de organização de seus temas, apesar da inquietação difusa que permanece em sua base. As parafrenias kraepelinianas estão descartadas, na medida em que estas se caracterizam por delírios luxuriantes acompanhados de um estado eufórico, o que não tem nada a ver com o caso de Aimée, cujas convicções delirantes mantêm razoável medida comum com a realidade. Poderia ser enquadrada no grupo das esquizofrenias? Este, desde Bleuler, apresenta, definido como característica básica, o afrouxamento dos elos associativos. Aimée, entretanto, apesar de apresentar alguns sintomas acessórios discordantes, não manifesta os distúrbios da ideação, da afetividade e do comportamento que são os sintomas fundamentais da esquizofrenia, o que inviabiliza o enquadramento em tal categoria. Sobre a hipótese de uma psicose maníaco-depressiva, não há como sustentá-la, na medida em que se nesta as notas de exaltação maníaca, ou de depressão, misturadas ou não, constituem sintomas fundamentais, no caso de Aimée falta, evidentemente, apesar de algumas manifestações nessa direção, a nitidez necessária desses sintomas que apontariam para tal enquadramento.

O caso, então, deve mesmo ser situado no interior do grupo das psicoses paranóicas. Suas características principais de sistematização, autoreferência, elaboração tardia das defesas, desenvolvimento lógico a partir de premissas falsas, como descreve Lacan, o situam dentro dos limites de tal grupo. Lembremo-nos da clássica caracterização kraepeliniana (1899) que definia

> a paranóia como um desenvolvimento insidioso sob a dependência de causa internas e segundo uma evolução contínua de sistema delirante duradouro e impossível de abalar que se instaura com uma conservação completa da ordem e da clareza do pensamento, da vontade e da ação[6].

A partir deste enquadramento, Lacan situa o caso como um delírio de interpretação – confirmando o primeiro diagnóstico – cujos traços principais estão todos presentes no caso, a saber, as "concepções delirantes variadas em que a idéia diretriz parece secundária", a "intrincação dos temas de grandeza e perseguição", a "ausência de sinais de degenerescência" e a extensão progressiva do delírio. Encontra-se ausente, todavia, o traço da incurabilidade, na medida em que sabemos que Aimée tem uma cura repentina do delírio; mas, na medida em que Kraepelin, em suas últimas teorizações, abandonou o dogma da cronicidade do delírio paranóico, o problema nosográfico desaparece. Entretanto, como frisa Lacan, o caso não deixa de apresentar suas peculiaridades. Por exemplo, o delírio não é centrípeto, como se é de esperar nas paranóias, uma vez que no caso a ameaça maior recai sobre a criança e não sobre a própria delirante. Há uma nota de auto-acusação, posto

6 Ibidem, p. 212.

que a criança está exposta porque a mãe não cumpriu sua missão, e um traço depressivo constante, e estas três características citadas remetem antes aos delírios melancólicos de Séglas. Lacan se refere ainda à nota ansiosa ligada à iminência dos temores delirantes. Acerca da famosa constituição paranóica, o autor da tese vai encontrar muito pouco em Aimée. Lembremo-nos de que tal suposta constituição se caracteriza primordialmente por: superestima de si mesmo, desconfiança, falsidade de juízo, inadaptação social, com traços secundários de orgulho, querelância, combatividade, vitimismo, idealismo apaixonado, amor pela natureza, etc.

O estudo aprofundado do caso levou Lacan a aproximar a personalidade de Aimée do caráter sensitivo de Kretschmer e do psicastênico de Janet, por conta do inacabamento essencial das condutas vitais, da tendência ao devaneio como afastamento defensivo da realidade, da introversão da energia psíquica gerando uma sensibilidade e uma fragilidade significativas nas relações sociais, bem como da tendência ao tormento ético e à rigidez moral.

Uma nova entidade clínica: a paranóia de autopunição

Essas diferenças, se não chegam a abalar o enquadramento mais amplo do caso, remetem Lacan a outros caminhos nosológicos. Sua idéia é que a natureza da cura irá demonstrar a natureza da doença. É seguindo esta linha de raciocínio que terminará por postular uma nova entidade clínica a fim de descrever o quadro psicótico de Aimée: a paranóia de autopunição. Esta apresentaria as seguintes características: o inicio da psicose é brutal, associado a um período de inquietude e meditação delirante, que alcança por fim a sistematização. O sintoma principal é a interpretação, e o delírio sistematizado exprime a postura de autopunição, mantendo um caráter centrífugo e com auto-acusação, mas com ameaças projetadas no futuro e com possíveis tendências de passagem ao ato cujo sentido é demonstrativo. O perseguidor é do mesmo sexo e substitui a pessoa a quem a libido do psicótico permaneceu fixada através de sua história afetiva; expansões imaginativas, através de devaneios ambiciosos que mantêm entretanto o sujeito em contato com a medida comum; idéias erotomaníacas surgem sempre com um caráter eminentemente platônico. O delírio se apresenta reativo, sobretudo em relação ao conflito gerador, geralmente familiar. É de se notar o caráter oscilatório das crenças delirantes, que em muitos momentos podem passar do delírio ao estatuto de idéias obsedantes. As reações agressivas, além de apresentar sobretudo o caráter mais demonstrativo, costumam ser evitáveis por serem muito tardias nesses sujeitos. A evolução e o prognóstico da psicose admitem a curabilidade, não da psicose, mas do delírio, curabilidade esta justamente associada à satisfação da condição interna autopunitiva.

Do ponto de vista lacaniano, então, Aimée sofre de uma paranóia de autopunição. A justificação para tal diagnóstico sustentar-se-á, segundo o autor da tese, em um número enorme de fatos objetivos. O mecanismo de autopunição implica que o sujeito realiza o seu castigo, através do qual expia um sentimento de culpa que marca sua posição subjetiva. Ao atingir sua vítima, Aimée atinge também, como vimos, seu ideal do eu, encarnado no objeto de seu ódio. Entretanto, o caráter sensitivo que é o seu não autoriza a combatividade típica da paranóica, de forma que é em um objeto simbólico muito distanciado do originário no conflito que a reação se dará, o que por isso mesmo não irá trazer o alívio típico sentido pelo delirante passional. Todavia, é na realização da autopunição desencadeada pela reação que a satisfação será alcançada e de onde a cura, portanto, se originará. No caso de Aimée, vemos que a agressão à atriz, enquanto objeto simbólico, não lhe trouxe qualquer alívio imediato, mas somente a experiência do encarceramento junto a diversas delinqüentes irá realizar a autopunição, fazendo cair o delírio.

A versão fraterna

Ora, o conflito gerador de toda a paranóia se concentra, segundo Lacan, na irmã, Élise, justamente aquela que iria usurpar seu lugar de esposa, apontando-lhe a insuficiência fundamental. Lacan chega a essa conclusão após perceber, nas entrevistas, o caráter de conflito que a convivência com essa irmã há muito implicava para Aimée. Sua personalidade, porém, obrigou-a a fazer todo um percurso a fim de vingar-se daquela que lhe tomara o lugar junto ao marido, e ao mesmo tempo se punir por tal gesto.

Em sua leitura crítica do caso, Allouch irá se contrapor a essa versão lacaniana que se ampara no complexo fraterno. É de se notar mesmo que o próprio Lacan manifestou certas reservas quanto a essa explicação e, no texto mesmo, apresenta, em uma nota de pé de página, já no final do texto, uma segunda versão, a qual entretanto não leva à frente, pois implicaria a subversão de todo o edifício da tese. Nesta nota, levanta a hipótese de que o delírio realizaria não uma tendência autopunitiva, mas antes um impulso materno homicida voltado contra o filho, impulso representativo da pulsão de morte. Esta nova hipótese teria o mérito de incorporar ao diagnóstico a temática constante no delírio da ameaça à vida da criança bem como de lançar luz ao fato de que a psicose de Jeanne, a mãe de Aimée, apresentou sempre uma marcante covariância com a psicose da filha. É de se notar, como pontua Lacan, que a primeira sistematização do delírio de Jeanne se dá, segundo os relatos colhidos junto à família, no momento do primeiro surto de Aimée, quando de sua gravidez. O segundo episódio de descompensação na mãe, por sua vez, ocorre precisamente após lhe ser comunicado o atentado cometido por Aimée, quando ela então imputa formalmente toda a culpa à vizinha e se fecha em um mutismo psicótico. A hipótese alternativa de Lacan conduz então ao diagnóstico não de paranóia de autopunição, mas de delírio a dois. É interessante que Lacan, mesmo sem ter levado à frente esta hipótese, destaca na tese a freqüência importante de casos de delírio a dois que se encontra, sobretudo, nas psicoses paranóicas. Alguns anos depois, em 1938, ele escreve *Os complexos familiares*, onde esta constatação assume um alcance teórico insuspeitado: "Para nós, é nos delírios a dois que pensamos apreender melhor as condições psicológicas que podem desempenhar um papel determinante na psicose"[7].

Ora, seis anos após a defesa da tese, o delírio a dois passa a representar na reflexão lacaniana a determinação fundamental das psicoses! No caso Aimée, portanto, a solução do enigma que o delírio apresenta estaria não na relação com a irmã, mas antes no litígio entre mãe e filha. Esta hipótese se sustenta tanto melhor na medida em que permite in-

---

[7] Lacan, J., *Complexos familiares*, Rés, Lisboa,1985, p. 23.

corporar à explicação o fato de que Aimée será registrada com o mesmo nome da irmã mais velha, morta da forma trágica que já foi descrita. Essa nomeação viria então marcar Aimée, no desejo da mãe, como sendo a substituta de uma outra, como tendo que apagar a morte terrível que a abateu. Sabemos do laço privilegiado que Aimée sempre manteve com a mãe, bem como do sentimento de estar em falta com esta que sempre a marcou. Por outro lado, não se pode esquecer que a lenda familiar passada por Aimée a Didier substitui justamente a mãe por Élise no lugar de quem participou da cena da morte da primeira Marguerite.

Podemos inferir, conseqüentemente, concordando com Allouch, que a versão lacaniana que incrimina Élise representa apenas mais uma lenda familiar do mesmo tipo, cuja função precípua seria de poupar à mãe o fato de sua participação na psicose da filha. A versão sororal, portanto, da mesma forma que a lenda familiar, preservaria os interesses de Aimée, na medida em que protege a mãe idealizada e com relação a quem ela sempre parece estar em débito. Ora, esta nova versão nos leva a aprofundar o argumento e concluir que é justamente devido ao laço radical que prende Aimée à mãe que iremos encontrar na primeira o impulso homicida dirigido à criança. Ao nomeá-la Marguerite, como a outra, morta, Jeanne parece ter fixado o destino de Aimée: "serás aquela que permanecerá junto a mim a fim de ocupar o lugar daquela que morreu". Aimée deve sempre ser a filha unida à mãe, como ela mesma diz, e nada deve fazê-la sair deste lugar.

O conflito gerador está então determinado, na medida em que, precisamente, a maternidade e a sexuação feminina serão os dois pontos de ruptura no que diz respeito ao compromisso firmado entre mãe e filha. Ao comentar com Lacan acerca de um romance de Pierre Benoit em que uma mãe trama a morte da filha a fim de conquistar o noivo desta, Aimée vai dizer: "nesta estória eu era a mãe e a filha, ao mesmo tempo". É o que podemos constatar no conflito que move o delírio: a busca de uma maternidade realizável, o desejo sexual feminino e o impulso homicida dirigido à criança. A condição feminina, bem como a assunção da maternidade implicam para Aimée o abandono da posição de filha, a que se contrapõe o complexo materno, como uma leitura freudiana nos permite apreender.

Lacan, apesar de ter satisfeito, com sua versão sororal, a demanda de Aimée, ao que parece devido à própria transferência lacaniana com relação à paciente – vamos nos lembrar de que a nomeou como "amada" e mesmo muitos anos depois ainda a reconhecia como tendo sido realmente muito "tocante" –, não deixou de apontar para o caráter sobretudo de demonstração das reações paranóicas. Se a passagem ao ato em Aimée teve como conseqüência um novo surto em Jeanne e, em seguida, a queda do delírio na primeira, podemos então inferir que a razão de o delírio se dissipar vinte dias após o atentado estaria ligada ao fato de que Aimée então passa a saber que Jeanne não ficou indiferente ao seu gesto; antes, respondeu com um outro delírio. Dessa forma, fica atestado justamente o caráter demonstrativo da reação de Aimée; tratava-se de demonstrar a Jeanne que Aimée não estava mais disposta a sustentar aquela posição de objeto a serviço do apagamento do impulso homicida da mãe. Apontando esta hiância a partir de então irredutível na relação entre mãe e filha, Aimée pode então, ao menos parcialmente, livrar-se da contradição mortal que a afetava e assim curar-se ao menos do delírio que a partir daí já não teria mais função.

Etiologia de uma psicose

Com essa reflexão, pensamos ter respondido à primeira questão colocada por Lacan na tese, acerca do diagnóstico do caso Aimée. Resta-nos agora abordar a segunda questão proposta, que diz respeito aos aspectos determinantes desta psicose. Ao buscar definir os fatores que estão em jogo na causação das psicoses, trata-se para Lacan de uma tomada de posição no que diz respeito ao discurso psiquiátrico em sua abordagem do fenômeno psicótico. O debate assim se coloca:

> A psicose paranóica que parece transtornar a personalidade, prende-se a seu próprio desenvolvimento, e nesse caso, a uma anomalia constitucional ou a deformações reacionais? Ou então será a psicose uma doença autônoma que remaneja a personalidade? Este

é o problema patogênico que colocamos e do qual se concebe o alcance nosológico, diagnóstico e prognóstico[8].

Este pequeno trecho expõe de forma suficiente as principais controvérsias que alimentavam o debate psiquiátrico naquele momento, e é certo que não iria demorar muito para que uma decisão fosse tomada, com a definição de um paradigma no discurso psiquiátrico. A conclusão a que Lacan chega, diametralmente oposta ao que vai ser o novo paradigma, marcou conseqüentemente sua trajetória, implicando um distanciamento do discurso psiquiátrico, o que o levou à psicanálise.

A importância da tese enquanto momento de concluir se verifica por um detalhe significativo. Vinte anos após a tese, ele afirmará, em um seminário que iremos estudar no próximo capítulo, que seu grande mestre em psiquiatria terá sido Clérambault, o grande clínico francês que se notabilizou, entre outras coisas, pelo estudo minucioso do delírio erotomaníaco. Sua herança mais influente, entretanto, diz respeito à idéia dos "automatismos mentais" que, segundo seu pensamento, estariam presentes e seriam determinantes de toda psicose. Clérambault pensava o automatismo mental como um processo orgânico que se manifestaria nos fenômenos elementares da psicose gerando uma quebra acentuada na curva de vida do sujeito. A psicose mesma consistiria nos automatismos, e os delírios, por sua vez, não seriam nada mais que a reação sadia do organismo ao processo; assim, a psiquiatria deveria deixar de lado o estudo dos temas delirantes, que não passariam de epifenômenos, romances, dedicando-se às causas efetivas das psicoses.

Ao nos inteirarmos desta concepção doutrinária, não estranharemos mais o fato de que não haja nenhuma referência nas dedicatórias da tese a qualquer possível dívida lacaniana para com aquele que *a posteriori* será reconhecido como seu mestre. Se a perspectiva extremista de Clérambault fosse considerada, a tese de Lacan, tal qual foi elaborada, simplesmente não teria qualquer consistência! É nesse sentido que o trabalho inicia justamente pelo ponto de vista de outro grande da clínica

---

8 Lacan, J., *Da psicose paranóica em suas relações com a personalidade*, op. cit., p. 353.

psiquiátrica, Kraepelin, o qual, por sua vez, em seus últimos trabalhos (1915), deixa no ar sua posição a respeito da questão dos determinantes da psicoses em geral, sustentando ao menos a natureza psicogênica das paranóias. Como vimos, Kraepelin pensa a paranóia como sendo de desenvolvimento insidioso a partir de causas internas ou endógenas.

A noção de desenvolvimento se liga, ao menos por um lado, ao conceito de personalidade, na medida em que esta implica uma síntese psíquica e um conjunto de reações típicas, estáveis e, sobretudo, circunscritas a relações de compreensão. Assim, ao optar pelo desenvolvimento, a definição kraepeliniana se opõe necessariamente à idéia de processo ou organogênese, posto que o processo tem por característica não ser circunscritível a relações de compreensão, uma vez que rompe com o desenvolvimento enquanto este é marcado por linhas lógicas. O processo irrompe como fato inusitado e exige um rearranjo da personalidade a partir de novas bases. Mesmo sem eliminar totalmente a temática delirante enquanto romance, para muitos mestres da época o delírio teria como função explicar racionalmente os efeitos do processo, em si incompreensível. Apoiando essa tese estariam as muitas psicoses cuja etapa inicial dispensa o delírio, sendo marcadas pela inquietude difusa, a qual somente *a posteriori* viria a ser integrada à personalidade, primeiro a partir de uma significação pessoal, depois por um delírio. Nessa perspectiva, a função do delírio seria eminentemente explicativa.

Lacan recusará esta concepção. Na verdade, mesmo a leitura lacaniana de Kraepelin já é mediada por Jaspers, que é quem fornece o essencial da perspectiva à qual Lacan se filia no momento da tese. Dentro do debate processo x desenvolvimento, Jaspers representa ainda mais um passo no distanciamento do ponto de vista organicista. Ele mantém a polaridade entre os dois conceitos, mas substitui a noção de processo orgânico pela de processo psíquico. Este também teria o caráter de ruptura nas linhas evolutivas, seria irredutível a relações de compreensão, porém corresponderia a um fenômeno psíquico. Para ilustrar o ponto de vista psicogênico e o processual, dentro da perspectiva jaspersiana, podemos citar, por um lado, a célebre "psicose carcerária", menina dos olhos dos psicogeneticistas, e, por outro, a parafrenia, em que se pode perceber que a psicose é gerada por um acontecimento traumático, mas cujo delírio, entretanto, permanece sem relação compreensível com o trauma. Para reconhecer uma psicose como sendo reacional e não processual, Jaspers estabelecia três exigências:

1- Os acontecimentos psicopatológicos da psicose desencadeada devem se mostrar compreensíveis em relação com o acontecimento traumático;
2- O acontecimento mostra ser efetivamente o fator que causou o aparecimento dos fenômenos;
3- A evolução dos fenômenos psicopatológicos mostra ter relação com o acontecimento desencadeador.

Ao propor relacionar a psicose com a personalidade, Lacan vai inserir ainda mais uma condição para o reconhecimento de uma psicose reacional:

4- A evolução da psicopatologia deverá se mostrar compatível e dependente do conflito vital desencadeado pelo acontecimento traumático.

Assim, a psicose de Aimée seria reacional, pois sua evolução mostra-se compatível, articulável com a intrusão da irmã em sua vida conjugal, acontecimento traumático, e com a evolução da situação conflitual gerada por tal acontecimento. Com isso, Lacan pretende ter mostrado que a psicose paranóica tem uma relação compreensível e de determinação com o desenvolvimento da personalidade, esta enquanto sistema intencional. A psicose é um ciclo de comportamento, isto é, um conflito marcado pelo desejo.

Ao enfatizar assim a dimensão psicogênica das psicoses, Lacan se distancia também da hipótese constitucionalista, que pensava a psicose como uma espécie de exacerbação de um caráter. Segundo este ponto de vista, o paranóico nada mais seria que aquele sujeito que, tendo previamente um caráter orgulhoso, desconfiado, vaidoso e repleto de idéias errôneas acerca de seus direitos, veria, a partir de acontecimentos desencadeadores, sua constituição levada a um grau paroxístico, o que definiria a própria paranóia. Do ponto de vista que a tese defende, os conflitos vitais ocupariam o lugar da constituição; e a única concessão que Lacan faz à hipótese constitucionalista seria aquela extraída da psicanálise, em que a fixação da libido em fases arcaicas do desenvolvimento psicossexual viria determinar para o sujeito algo da ordem de uma constituição e que imporia uma parada evolutiva na personalidade, como no caso de Aimée, em que tal parada teria se dado no estágio anal, de formação do superego.

Assim, longe de ter uma função explicativa, o delírio viria dar continuidade aos conflitos vitais ligados à personalidade do psicótico. A polarização processo (automatismo) x delírio (psicogênese) se mostra portanto um falso dilema, sendo substituída na perspectiva da tese por fenômenos impostos, xenopáticos x delírio, em que ambos se vêem englobados pelo conflito vital da personalidade, sendo manifestações deste. A personalidade, por sua vez, difere da noção kraepeliniana do caráter endógeno da psicose, pois Lacan deixa bem claro que não só os fatores endógenos operam na psicose, mas, também, e de forma decisiva, as tensões sociais enquanto determinantes da personalidade, o que o leva também a reformular outra idéia de Kraepelin, segundo a qual o delírio paranóico apresenta-se duradouro e inabalável. Como vimos ao longo do trabalho, a psicose de Aimée interage bastante com o meio e não cessa de responder aos acontecimentos e aos conflitos que se apresentam.

A DISCORDÂNCIA ESSENCIAL

Encerrando a tese, Lacan conclui então que a clínica das psicoses deverá ser fundamentada por uma ciência da personalidade, ciência que só poderia ser equivalente a uma psicanálise renovada, cujo objeto seria o estudo genético das funções intencionais. Os parágrafos finais, bastante reveladores, referem-se a Espinosa e esclarecem a posição bastante singular que era a de Lacan no interior do campo psiquiátrico. Cita um trecho da *Ética*: "uma afecção qualquer de um dado indivíduo mostra com a afecção de um outro tanto mais discordância quanto a essência de um difere da essência do outro"[9].

Se a essência de cada um difere da essência do outro, como trabalhar com uma nosografia que elimina as particularidades para apreender sínteses? Vemos que Espinosa levou Lacan a Jaspers e, mais ainda, se para

9 Ibidem, p. 351.

aquele filósofo o desejo é a essência do homem, a psicose não poderia portanto se colocar como um mero déficit, mas, antes, ver-se-á integrada aos ciclos desejantes, e daí às relações de compreensão. Mais radical ainda, contudo, é o parágrafo final, onde Lacan aplica a máxima espinosiana não só entre indivíduos essencialmente discordantes, mas entre o próprio indivíduo e ele mesmo, o indivíduo discordando consigo mesmo, pois os conflitos determinantes da psicose se apresentam como discordantes com relação ao desenvolvimento da personalidade normal, é o que diz Lacan.

Assim, pudemos acompanhar Aimée em sua discordância essencial com a própria imagem ideal de seu desejo, encarnado nas atrizes glamourosas e sexualmente declaradas, imagem capaz de ferir mortalmente sua missão sagrada de fazer vir à terra o reino das crianças e das mulheres. Diferentemente de Kraepelin, que via acordo entre o delírio paranóico e seu caráter, manifesto por exemplo nos projetos delirantes megalomaníacos e sua prévia superestimação de si; diferentemente também de Kretschmer e todos os constitucionalistas, que pensavam a paranóia como expansão de uma constituição precedente, a hipótese lacaniana marcará o aspecto essencialmente discordante do sujeito para consigo.

Dessa forma, esfuma-se, na perspectiva do autor da tese, a separação clássica entre paranóias e esquizofrenias, na medida em que se supunha que as segundas seriam tanto mais discordantes quanto as primeiras concordantes. O esquizofrênico classicamente se diferenciaria do paranóico na medida em que o primeiro, e apenas ele, experimentaria em si, quando da irrupção da psicose, uma mudança inquietante, causadora de estranheza, que ele sentiria claramente como algo discordante de sua personalidade anterior. Essa modificação não ocorreria então na paranóia. Lacan vem mostrar, com o caso Aimée, que tal hipótese não se sustenta. Primeiro passo, sem dúvida, para o que virá em seguida, a saber, o estádio do espelho, de 1936, que irá mostrar o quanto o eu é a sede do desconhecimento do sujeito em relação a si e que a idéia de um sujeito concordante consigo mesmo é a primeira das alienações constitutivas, fonte de nossa paranóia cotidiana.

Capítulo IV

Estrutura Lacaniana das Psicoses

Do primeiro posicionamento de Lacan frente à questão das psicoses, nos anos 30, como um psiquiatra, ainda longe da psicanálise – embora já ocupando uma posição bastante singular dentro de seu meio profissional, na medida em que buscara em sua tese sustentar a hipótese de que a loucura corresponde a um ciclo de comportamento, conseqüentemente sendo integrável em uma abordagem marcada pelo privilégio das relações de compreensão –, vamos dar um salto que nos levará à década de 50, mais precisamente ao momento em que Lacan desenvolve seu ensino visando a formação de psicanalistas, no terceiro ano de seu seminário, quando o tema será as estruturas freudianas das psicoses. É fato que durante estes vinte e quatro anos que marcam a distância entre a defesa da tese e o proferimento do citado seminário houve alguns momentos em que a questão das psicoses voltou ao centro da cena. Em 1938, no texto *Complexos familiares*, este tema é tratado por um Lacan que busca articular a psicanálise freudiana com a "fenomenologia do espírito" hegeliana. Neste contexto, a psicose será abordada como um fenômeno de exacerbação da captação e da fixação do sujeito a imagos que vêm impedir o prosseguimento da dialética de seu desenvolvimento subjetivo. Assim, identificações tão idealizantes quanto alienantes virão aprisionar o sujeito em uma dinâmica dual, afastando-o do seu caminho próprio, o que terá como conseqüência a generalização da psicose como loucura a dois, em que a psicose de um, em geral a mãe, vem provocar a psicotização do outro, o filho, por exemplo. Este texto é bastante influenciado pela conceituação lacaniana de 1936, acerca do estádio do espelho enquanto momento primordial de estruturação do sujeito humano, mais especificamente, do nascimento do eu.

Essa reflexão fundamental dentro de sua doutrina nascente vai demarcar a ênfase inicial posta por Lacan sobre o registro do Imaginário, ênfase esta que irá perdurar por quase duas décadas, o que se pode entender como conseqüência de seu percurso em direção à psicanálise, pontuado pela tese sobre a paranóia, e do ensino de Kojève, o qual ele acompanhou nos anos 30. Aimée e Hegel lançaram Lacan no centro da dinâmica imaginária, marcada pelas identificações imagéticas, o narcisismo, as paixões alienantes e a constituição do eu como fenômeno essencialmente articulado à relação com o outro, o semelhante.

As psicoses no campo da fala e da linguagem

Em 1946, no texto "Formulações sobre a causalidade psíquica", a psicose volta a ser o tema essencial, desta vez a polêmica sendo dirigida à concepção organodinâmica de Henri Ey, o qual, embora desse uma certa importância à causalidade psíquica das psicoses, afirmava que a origem do fenômeno psicótico se situaria em uma lesão neurológica, responsável por uma ruptura no desenvolvimento psíquico do indivíduo. Lacan irá se opor radicalmente à concepção de Ey – a qual, diga-se de passagem, tornou-se hegemônica no discurso psiquiátrico desde então – sustentando ser a loucura inteiramente vivida dentro do campo do sentido.

Neste texto, suas reflexões sobre o caso Aimée serão retomadas, visando mostrar como esta psicose não poderia ter sua lógica apreendida sem o acesso à história de sua vida, às vicissitudes de seu desenvolvimento subjetivo, etc. Boa parte do texto irá se dedicar a expor novamente o essencial da reflexão lacaniana acerca do estádio do espelho e suas incidências na paranóia; entretanto, a novidade deste artigo, que irá situá-lo já em um contexto teórico bastante próximo ao da elaboração do período do seminário III, é que Lacan ali já não mais trabalha com a concepção psicogenética; ao contrário, mostra que na verdade é Ey, o qual, mesmo dizendo desconhecê-la, não deixa de a aplicar. Onde antes a psicogênese entrava para justificar a evolução compreensível da psicose, agora Lacan irá referir-se especificamente ao campo da fala e da linguagem para sustentar que "o fenômeno da loucura não é separável do problema da significação para o ser em geral, isto é, da linguagem para o homem"[1].

Ou seja, não se trata mais de recorrer à inteligibilidade da evolução psicótica em função da unidade da personalidade; ao contrário, o que importa é reconhecer que a atitude de interrogação, ou mesmo de perplexidade do psicótico, diante dos fenômenos que o acometem, diz respeito, essencialmente, a um sujeito imerso em um campo semântico. Está dada portanto a direção da pesquisa lacaniana, a saber, a investigação acerca da relação do sujeito com o significante, entendendo as psicopatologias como perturbações nesta relação.

O seminário sobre as estruturas freudianas das psicoses, enunciado em 1956, inicia com algumas considerações lacanianas que irão demarcar pontos essenciais para a abordagem da questão. Em primeiro lugar, Lacan chama a atenção para a estranheza do fato de que, em suas pesquisas, os pós-freudianos tenham passado a dar primazia à clínica da esquizofrenia, deixando em segundo plano o trabalho teórico e clínico sobre a paranóia, quando a atitude de Freud foi justamente a oposta, ou seja, Freud se interessava pela paranóia e quase não abordava a esquizofrenia. Com efeito, Lacan destaca o fato de que, dentro da reflexão freudiana, em contraposição à multiplicidade das entidades clínicas psiquiátricas, há a localização da psicose entre dois pólos, que são justamente a paranóia e a esquizofrenia. Dentro desta polaridade, é frente à paranóia que os instrumentos conceituais freudianos irão possibilitar uma leitura psicopatológica fecunda.

Psicogênese x estrutura

Nestes mesmos capítulos iniciais, Lacan irá apontar que Clérambault terá sido o seu mestre em clínica psiquiátrica. Como já pontuamos no

---

1 Lacan, J., "Formulações sobre a causalidade psíquica", in *Escritos,* J. Zahar, Rio de Janeiro, 1997.

capítulo anterior, esta declaração de uma dívida intelectual irá contrastar radicalmente com o silêncio absoluto, durante a tese de doutoramento, acerca da influência de Clérambault sobre suas conceituações. Toda a diferença reside no fato de que, durante a tese, a psicogênese desempenhava uma função essencial na argumentação lacaniana, visando contrapor-se às teses organicistas, já muito influentes na época. Clérambault era bastante avesso à psicogênese, e sua célebre doutrina do automatismo mental se sustentava precisamente a partir da afirmação de que a raiz das psicoses consistiria em uma ruptura, por motivos orgânicos, no ciclo de vida do indivíduo, com o aparecimento de fenômenos estranhos ao seu modo de viver. A atividade delirante, para esse psiquiatra, viria como o esforço do sujeito mentalmente enfermo em explicar, em tornar compatível o fato psicótico primitivo com o restante de sua vida.

Na época, como podemos apreender, essa argumentação era inaceitável para Lacan. Entretanto, no seminário que ora abordamos, logo de saída a atitude lacaniana será de crítica radical à hipótese psicogenética, e neste ponto a reflexão clerambaultiana voltará a ser interessante, embora com deslocamentos. O inaceitável na psicogênese, dentro da perspectiva lacaniana, reside na ênfase que esta abordagem psicopatológica atribui à compreensibilidade do fenômeno psicótico. O alerta de Lacan se dá no sentido de se perceber que a compreensão leva ao equívoco radical sobre as motivações dos atos psicóticos. Já dentro de sua concepção estruturalista, se o fenômeno psicótico deve ser situado no interior do campo semântico linguageiro, para Lacan também vale aquilo que será nomeado como a lei do mal-entendido essencial. Sendo todo fato de linguagem marcado pelo mal-entendido, pela equivocidade, o fenômeno psicótico conseqüentemente também não poderia ser abordado através de uma concepção psicogeneticista, com sua ênfase na compreensão. É neste ponto que Clérambault entra, embora a serviço das teses de Lacan. Está correto então que o fenômeno psicótico primordial esteja marcado pela ruptura e pela ausência de relações de compreensão, como aquele afirmava. Mas isso não porque se trate de uma mera fragilidade orgânica do indivíduo, como sustentava também Henri Ey, mas sim porque, antes das relações significativas, temos que pensar a psicose como sendo o efeito de um acidente na própria estruturação da linguagem, isto é, na forma como o sujeito é inserido nesta estrutura, tendo a partir daí organizado ou não seu psiquismo.

A ESTRUTURALIDADE MÍNIMA DOS FENÔMENOS ELEMENTARES

Outro aspecto fundamental abordado logo de início no seminário, e que será um dos pontos de demarcação lacaniana das psicoses, diz respeito à ênfase que Lacan coloca na identificação, em toda psicose, dos fenômenos elementares. Como se sabe, é possível a ocorrência de alguns sintomas freqüentes nas psicoses em sujeitos neuróticos. As histéricas, por exemplo, usualmente são internadas nas enfermarias psiquiátricas e classificadas como psicóticas devido à manifestação de sintomas como idéias delirantes, pseudo-alucinações, fenômenos de despersonalização, dissociação psíquica, etc. Os fenômenos elementares da psicose, por outro lado, sustenta Lacan, irão demarcar de maneira muito mais segura a existência em um paciente de uma estrutura psicótica. São eles, em linhas gerais: alucinações auditivas ou visuais, interpretações delirantes, afrouxamento dos elos associativos e alterações diversas de linguagem.

A importância que Lacan atribui à identificação dos fenômenos elementares, mesmo antes da eclosão da psicose propriamente dita, não vai na mesma direção que seus colegas psiquiatras, na medida em que ele irá descartar a concepção evolutiva da psicose que atribui aos fenômenos elementares uma importância radical, na medida em que neste caso se trataria da psicose em sua manifestação essencial, o resto do quadro psicótico se caracterizando pela reação do indivíduo frente a esses fenômenos. A concepção lacaniana é que de fato deve-se atribuir importância aos fenômenos elementares, principalmente no sentido de construir a hipótese diagnóstica; entretanto, não se trata no caso, em hipótese alguma, de uma manifestação diferente do resto da psicose. Lacan utiliza, para explicar sua concepção, a analogia com a folha, que já possui a arquitetura segundo a qual toda a planta irá se desenvolver, ou seja, trata-se, na folha, da manifestação localizada da mesma estrutura que responde pela organização da planta. Assim, os fenômenos elementares, por aparecerem primeiro, não seriam de natureza diferente do que vem depois, mas, antes, apresentariam em sua configuração as mesmas leis estruturais que comandam o desenvolvimento da psicose como um todo.

Dentro do debate sobre as relações estruturais e a dimensão especular, a tônica desse seminário será a sustentação da tese de que a psicose não pode ser abordada, não pode ser explicada de forma redutiva, recorrendo-se tão somente ao registro do Imaginário. O grande erro dos pós-freudianos terá sido o de enfrentar o fenômeno psicótico através do deslocamento da reflexão freudiana sobre a dinâmica pulsional para a investigação acerca dos conflitos em torno do eu. Convergindo para o contexto alienante da dimensão narcísica, posto que o eu é desconhecimento especular, os pós-freudianos não somente se afastaram do essencial da descoberta freudiana como ainda transformaram, sem querer, a psicanálise em uma arma desencadeadora da psicose, pois, como frisa Lacan, não há nada mais propício para fazer eclodir em surto um sujeito, se este tiver tal tendência, do que insistir na imaginarização do diálogo analítico, na medida em que tal procedimento tem como conseqüência a instauração de um regime de rivalidade narcísica mortífero entre analista e analisando, com todas as conseqüências desastrosas daí advindas.

Os pós-freudianos ou a imaginarização do processo analítico

É neste contexto que Lacan irá proferir a célebre e mal compreendida sentença segundo a qual a análise com pré-psicóticos desembocaria naquilo que deveríamos justamente evitar, ou seja, em psicose declarada. Obviamente, este alerta nunca representou uma condenação *strictu sensu* da clínica psicanalítica com psicóticos, mas apenas a afirmação de que não se pode cometer com estes sujeitos o erro de aprisioná-los em um regime narcísico. Ao contrário deste nocivo procedimento pós-freudiano, a ênfase lacaniana ao longo de todo o seminário dar-se-á no sentido de mostrar que, por se tratar na psicose de um distúrbio essencialmente ligado à natureza da linguagem, na investigação analítica há que se ultrapassar o registro da imagem a fim de poder interrogar adequadamente a dimensão da fala. Neste sentido, a crítica lacaniana à definição kraepeliniana da paranóia se esclarece precisamente pelo desconhecimento por parte da psiquiatria dos determinantes lingüísticos das psicoses.

Assim, Lacan irá discordar de cada trecho da clássica definição de Kraepelin sobre esta modalidade psicopatológica, concentrando-se a crítica principal sobre a não-apreensão, por parte deste, da característica primeira do modo de discurso paranóico, a saber, a radical falta de dialética, a fixação virulenta que o paranóico apresenta às significações petrificadas de seu delírio. Como Kraepelin havia ressaltado, o pensamento do paranóico mantém-se bastante claro e ordenado de um ponto de vista lógico; entretanto, para além desta constatação há que se perceber que não há movência neste discurso; há, é claro, incorporação, pelo delírio, de novos elementos advindos do contexto; porém uma inércia sem dúvida patológica vem fazer com que os enunciados delirantes apresentem para este sujeito uma dimensão de certeza que um neurótico jamais conseguiria alcançar, posto que este sujeito sabe muito bem que há uma relatividade essencial que corrói os fundamentos de todas as crenças.

Um certo curto-circuito na comunicação

Uma vez percebida esta questão fundamental, Lacan conclui que, a fim de apreender os determinantes das psicoses, antes de tudo o investigador deve se interrogar acerca do modo pelo qual o psicótico usa a fala. A esta altura, traz à cena o então já conhecido recurso do esquema L da comunicação, o qual mostra que o sujeito se fala com seu eu. A interação entre os eus, ligados ao muro da linguagem, permite a comunicação entre os sujeitos, embora sempre obstaculizada pelo registro imaginário, o da fala vazia. A fala plena, por outro lado, implica a comunicação do sujeito ao Outro, o que vai exigir o ultrapassamento deste muro narcísico através do acesso à ordem simbólica. Neste contexto, Lacan dirá que a fala plena – conceito que posteriormente irá abandonar, na medida em que nunca há, falando propriamente, fala plena, todos os dizeres sendo sempre marcados pela barra do recalque e da castração – implica o retorno, para o sujeito, de sua própria mensagem, vinda do Outro, sob forma invertida. O exemplo utilizado é o do "Você é minha mulher", o qual, se consentido pelo Outro, irá fazer retornar para o sujeito o "Você é o meu homem", ficando então a cargo do Outro a confirmação da mensagem do sujeito acerca de sua masculinidade.

Essa fala plena, portanto, traz embutida a marca de um pacto simbólico entre sujeitos, e é justamente aquilo que irá marcar em Lacan sua diferença essencial com relação ao hegelianismo, em que o reconhecimento só pode advir dentro da dinâmica dual, na qual a luta de morte por prestígio irá definir quem dominará, quem será o Senhor e quem será o escravo. A palavra, enquanto símbolo, distribui as posições e confere um lugar tanto a um quanto a outro, como vimos no exemplo da fala plena. Este esquema L servirá a Lacan sobretudo para sustentar que a especificidade da psicose consiste em que nela o Outro está excluído – o Outro no caso definido como tesouro dos significantes, como lugar da fala –, isto é, falta o pacto simbólico, de forma que o sujeito neste caso irá identificar-se radicalmente com seu eu, assumindo uma forma de alienação irredutível, ocorrendo inclusive em muitos casos a autonomização do eu ideal enquanto duplo do sujeito, como vemos muito bem na sintomatologia da psicose, em que o eu ideal se põe a falar diante do sujeito que escuta vozes. Neste ponto é trazido o exemplo da jovem paranóica, que vivia praticamente reclusa com a mãe, encerrada em um universo feminino avesso à intrusão do masculino. Esta paciente, ao passar pelo corredor de onde morava, cruza com o desagradável amante da vizinha e ouve este proferir o termo "Porca", certamente dirigido a ela. Logo antes, a moça havia proferido "Eu venho do salsicheiro", de forma que a injúria do homem consistiu em uma reação ao enunciado da moça.

Este tipo de alucinação auditiva, enunciada pelo outro imaginário, dentro do circuito dos eus, é típico da psicose. Nesse ilustrativo exemplo, vemos a inversão do processo normal da fala, aquele que envolve os dois registros, imaginário e simbólico. Aqui, o sujeito não recebe, como seria de se esperar, sua mensagem do Outro, sob forma invertida; antes, é sua própria mensagem, diretamente, que ele recebe através do outro especular, como se este viesse nomear aquilo que a fala do sujeito apenas cercou. Eis a característica do discurso psicótico, a saber: se é impossível ao sujeito referir-se ao Outro a fim de localizar seu posicionamento no simbólico, resta cercar a área, como faz o psicótico, apresentando sua fala uma estrutura de alusão, modo indireto de falar do sujeito. A resposta "Porca" é a própria conseqüência do enunciado anterior da paranóica, como mostra Lacan, na medida em que, afinal de contas, quem viria do salsicheiro senão um suíno, partido em rodelas, corpo despedaçado, disperso por um mundo que se vai em pedaços, imagem bastante adequada para descrever o drama de uma loucura que se aprofunda cada vez mais, uma vez dissolvido seu ponto de orientação na ordem simbólica?

Uma língua dentro da língua

Aprofundando a questão da demarcação lingüística do fenômeno psicótico, Lacan tomará como ponto decisivo a incidência de distúrbios da linguagem nas psicoses. Se se fala de psicose, ele diz, então há que se demonstrar neste caso a existência no sujeito de uma relação diferenciada com a linguagem. Dois serão os exemplos quanto a esta questão. O primeiro trata de uma paciente com quem ele permaneceu mais de uma hora e meia em entrevista sem encontrar nada que diferenciasse de forma clara seu discurso daquele próprio a um sujeito em dificuldades com o seu meio. Após todo o relato sobre as circunstâncias em que ela se encontrava, a certa altura a moça faz saltar de seu discurso o termo "galopiner", um neologismo cuja incidência, nota Lacan, assume um lugar de grande importância na trama das elaborações da doente. Essa descoberta foi como deparar-se com uma outra língua dentro da língua usada pela paciente, e isso foi decisivo para assegurar a correção do diagnóstico de psicose paranóica neste caso.

No segundo exemplo trata-se do caso Schreber, que será tema de grande parte deste seminário, em uma releitura do texto freudiano acerca do juiz psicótico. Schreber demarca desde o início de seu livro a importância que toma para ele a língua falada pelos nervos de Deus, que se lhe apresenta através das vozes que escuta o dia inteiro. É a "língua fundamental" já citada no primeiro capítulo deste livro, uma espécie mirabolante de dialeto do alemão antigo. Essa outra língua, com características gramaticais bem diferenciadas, se torna a língua do delírio schreberiano, embora ele fosse capaz de continuar a comunicar-se normalmente com seus semelhantes em alemão tradicional, o que nem sempre ocorre dentro da fenomenologia da psicose. Dois aspectos que atraem a atenção de Lacan neste fenômeno são as intuições delirantes e as frases vazias que surgem a todo momento na mente de Schreber e cuja insistência parece contribuir para uma certa inércia significativa na fala delirante, as quais Lacan diz serem como "chumbo na malha" do discurso, o qual bem poderia ser, de outra forma, desenfreado, como costuma se dar no caso dos estados maníacos. São exemplos deste tipo de termo em Schreber a *Nervenanhang*, adjunção de nervos, e a *Seelenmord*, assassinato de alma.

Se tivéssemos que dizer em poucas palavras a principal diferença entre o modo freudiano e o modo lacaniano de abordar a psicose, poderíamos sustentar que, enquanto para Freud os fenômenos psicóticos devem ser aprendidos como efeitos de uma dinâmica libidinal conflitiva, com Lacan diríamos que a psicose mostra ser o efeito de um certo fracasso na constituição do sujeito a partir de sua relação com a ordem simbólica. Podemos dizer, então, que a perspectiva lacaniana, embora seja em muitos pontos compatível com a freudiana, é mais abrangente, na medida em que, diferentemente do que muitos supuseram, a primazia da cadeia significante na estruturação do sujeito não implica uma desvalorização do dinamismo pulsional; antes, este dinamismo se vê incorporado às leis do significante que lhe preexistem. Podemos assim entender quando Lacan retoma a conclusão freudiana acerca da causação da psicose paranóica – ocasião em que Freud sustenta ser tal patologia o resultado de um conflito deflagrado entre o eu e a pulsão homossexual inconsciente – considerando-a não exatamente equivocada, porém bastante parcial, uma vez que a tendência homossexual na paranóia é apenas um sintoma dentro da estrutura, e não o determinante geral da psicose.

Um Outro errante

Com relação à determinação estrutural, pode-se apreender que o psicótico, para além do "dialeto" que o distancia do discurso comum, nos apresenta também uma outra manifestação de sua forma bastante diferenciada de relação com a instância da letra. Lacan se refere a este ponto no capítulo do seminário intitulado "De um Deus que engana e de um Deus que não engana". Ora, se já havíamos frisado que a linguagem comporta como característica um mal-entendido fundamental, há que se atentar para a contrapartida disso, ou seja, a existência, necessária, em algum ponto do discurso, de algo que não engana. Não é possível fazer funcionar a atividade discursiva sem o estabelecimento de um mínimo de estabilidade que corresponde, precisamente, à instituição da noção de verdade. Lacan frisa diversas vezes que nós estamos diante de um sujeito, e não de uma máquina de fala, quando sabemos que aquele pode mentir, pode enganar, o que quer dizer que o que ele diz pode significar qualquer coisa a princípio, inclusive a verdade. O animal pode fingir, pode camuflar suas ações, mas somente o ser humano finge fingir; somente ao ser humano, enquanto ser falante, é dado esse grau avançado de plasticidade no manuseio da ordem simbólica. O reverso desta flexibilidade é a necessidade de se instituir o regime da verdade nas relações humanas.

Este lugar de fiador da verdade, é claro, pode ser ocupado de muitas formas diferentes, mas é atributo justamente do Outro, enquanto tesouro de significantes, o estatuto de lugar de reconhecimento de uma palavra verdadeira, enquanto o Outro responde precisamente por um grau mínimo de ordem na linguagem, a fim de que o caos não se afirme de forma absoluta. Ora, na Antiguidade, nos diz Lacan, mais precisamente, para Aristóteles, eram as esferas celestes – enquanto seus movimentos eram supostamente dotados de harmonia, sendo portanto marca destas esferas as trajetórias regulares e estáveis responsáveis por que tudo neste âmbito celeste voltasse sempre ao mesmo lugar – que asseguravam conseqüentemente este lugar daquilo que não engana, e essa estabilidade garantida permitia que o homem antigo suportasse razoavelmente bem a idéia de que a esfera da natureza, em que vivia, fosse bastante caótica e irregular. A partir de Descartes, entretanto, com o nascimento da era moderna, científica, que é a nossa, o lugar de garantia da verdade passará a ser o de Deus, ou seja, aquele que é suposto não nos enganar, ou, dizendo de outro modo, como Einstein, "Deus é malicioso, mas não joga dados".

Chama a atenção, como característica do discurso psicótico, a ausência deste Outro que não engana. Se atentarmos para o comportamento do Outro de Schreber, seu Deus, veremos sem muita dificuldade que se trata, antes de tudo, de um ser que não é confiável: de primeira não se pode saber sua intenção, depois se descobre que quer o pior para o presidente; ora está tão próximo que surge mesmo a ameaça de ser dissolvido nos nervos de Schreber, em outro momento pode se afastar a uma distância incomensurável, deixando o doente "largado". Enfim, se o universo delirante de Schreber se caracteriza pela subversão total dos parâmetros e até mesmo pela ameaça constante de uma dissolução radical, isso se deve à ausência em seu campo de um ponto de apoio orientador, a partir do qual a verdade se veja garantida, mesmo que seja possível mentir. Essa característica decisiva do universo delirante corresponde portanto a uma função lingüística que se mostra ausente no discurso psicótico.

Retomando, mais uma vez, em Freud as raízes desta conceituação, Lacan irá destacar a reflexão freudiana acerca da *Unglauben* paranóica, isto é, a descrença no Outro pré-histórico que é marca da paranóia. Ali onde o neurótico procede à *Bejahung*, afirmação primordial, no juízo de atribuição que reconhece no mundo a existência de um Outro da castração que se faz presentificar na vida do sujeito, o psicótico responde com uma expulsão primordial, a *Verwerfung*[2], em que a representação do Outro será definitivamente rechaçada do universo simbólico do sujeito, restando em seu campo a presença estranha de um Outro errante, evanescente mesmo, como se pode depreender do caso Schreber.

A sintomatologia paranóica, como vimos no primeiro capítulo deste livro, é esclarecedora deste modo de funcionamento. Lembremo-nos de que, se o neurótico obsessivo apresenta como sintoma primário a autorecriminação, a qual pode surgir, por exemplo, após a primeira experiência sexual, o paranóico, diante da mesma experiência, sofre a eclosão da sintomatologia psicótica, em que aquilo que deveria surgir como autorecriminação retorna entretanto como perseguição a partir de um outro externo ao sujeito. Na paranóia, o sujeito recusa o reconhecimento de sua participação na desordem do mundo, e será sempre o outro quem responderá pelo *Kakon* do próprio ser do paranóico. Essa é a inexistência da *Bejahung*, a afirmação primordial, o reconhecimento do Outro que implicará para o sujeito a assunção da castração.

O encontro com a perplexidade

Essa ausência que constatamos, na psicose, de um Outro capaz de produzir reconhecimento simbólico, isto é, de garantir a existência da

---

[2] Lacan, J., "Resposta ao comentário de Jean Hyppolite sobre a '*Verneinung*' de Freud", in *Escritos*.

verdade e assim regular minimamente as relações no interior da ordem simbólica, faz com que o psicótico seja submetido, em muitos momentos – especificamente quando suas defesas falham –, à experiência de uma falta radical de referência em seu discurso, isto é, em sua vida mesma. Essa constatação surge precisamente no momento seguinte em que todo o saber que aquele sujeito até então detinha e utilizava para se sustentar dentro da ordem simbólica desaba após sofrer algum tipo de ataque, o qual pode se manifestar de muitos modos diferentes, como uma cena de violência vivenciada, uma experiência estressante, ou, muitas vezes, a emergência simplesmente de uma questão até então silenciada, questionamento que torna explícita a falta de consistência em seu saber, na medida em que tal interrogação surge como impossível de ser respondida pelo sujeito. Lacan se refere a este momento, que é o de desencadeamento da psicose, como o ponto em que se abre para o sujeito psicótico um buraco no simbólico, um vazio no centro da cadeia significante, que tem como conseqüência a instauração, para o sujeito, de um estado por vezes duradouro de perplexidade.

Os desdobramentos destas ocorrências são principalmente dois: por um lado, como iremos estudar mais à frente, há um intenso remanejamento na cadeia significante, que se explicita sobremaneira pelas produções neológicas e alterações sintáticas que os enunciados delirantes apresentam; por outro lado – e neste caso temos aquilo que é mais exuberante na fenomenologia da psicose, conferindo-lhe sua forma, embora, como Lacan sempre frise, se trate de um fenômeno derivado, e não constituinte da patologia –, constata-se a proliferação ou dissolução imaginária, quando a cena do mundo parece explodir em mil fragmentos, perdendo sua coerência e desdobrando a identidade formal do sujeito e de seus semelhantes em diversas identidades autônomas entre si.

O caso Schreber nos mostra claramente este fenômeno, na medida em que nele nenhum ser escapa à subdivisão das almas, nem Deus que se fragmenta em Ariman e Ormuzd, nem o Dr. Flechsig, que apresenta um aspecto anterior e posterior, nem o próprio paciente, que se percebe acompanhado de um segundo Schreber, cujas características ele chega a descrever. A dissolução imaginária faz parte do quadro geral que Lacan nomeia como regressão tópica ao estádio do espelho, traço marcante da psicose, que aprisiona o sujeito em uma dinâmica de alienação mortífera, como as passagens ao ato psicóticas costumam mostrar. A afirmação schreberiana, segundo a qual ele é um cadáver conduzindo um outro cadáver atrás de si, ilustra de forma magistral essa relação de dependência do sujeito com relação a sua imagem especular, agravada pelo fato de que o aprisionamento de sua libido dentro unicamente desta dinâmica dual, isto é, sem mediação pelo simbólico, leva à imagem esse caráter de putrefação que Schreber testemunha. Estes fenômenos da ordem do imaginário serão melhor esclarecidos mais à frente, na medida em que, no ser humano, como conceitua Lacan, esse registro especular é fundamentalmente dependente da estrutura da linguagem; conseqüentemente, será somente após a articulação das relações constituintes da ordem simbólica que poderemos apreender adequadamente os fatores que produzem todos estes fenômenos imaginários tão pregnantes nas psicoses.

A função estruturante dos neologismos

Retomando o primeiro aspecto resultante da queda do psicótico em um abismo que se abre em seu campo simbólico, a saber, o remanejamento da cadeia significante, duas alterações fundamentais no discurso de Schreber expõem a questão, se nos referirmos agora ao texto "De uma questão preliminar a todo tratamento possível da psicose" de 1958, onde Lacan faz uma espécie de sumário do seminário III, acrescentando entretanto algumas pontuações novas. Neste texto ele se refere às seguintes alterações na fala schreberiana: 1 – As mensagens sobre o código, e, 2 – As mensagens interrompidas. O primeiro aspecto diz respeito aos neologismos de seu delírio e aos significados neológicos de alguns termos da língua comum. Como já frisamos, esses neologismos, que são muito freqüentes nos delírios, assumem uma importância especial para o sujeito, de forma que é freqüente alguns poucos neologismos condensarem várias significações organizadoras do delírio, que parece brotar a partir destes elementos significantes.

Na psiquiatria clássica já havia sensibilidade para esta questão, de forma que se criou a distinção entre os neologismos ativos e passivos. Os primeiros são como os do caso Schreber, ou seja, são poucos, tão duradouros quanto a permanência do delírio, e assumem tal importância que Lacan chega a definir um delírio como um campo de significações que organiza um significante, isto é, um significante neológico. Os neologismos passivos, por sua vez, são típicos do ciclo maníaco e proliferam na fala do psicótico, demonstrando muito mais uma desordem radical na sintaxe da língua do que propriamente uma reorganização discursiva, como é o caso dos neologismos ativos.

A segunda forma de alteração no registro significante que Schreber apresenta, as mensagens interrompidas, mostram-se como distúrbios de conexão, em que a frase é cortada justo no ponto, destaca Lacan, em que surgiria a significação, isto é, o elemento da mensagem que amarra a relação dos termos envolvidos. Eis alguns exemplos: "Agora eu vou me...", "Você deve de fato...", "Nisso eu quero...". São frases lançadas pelas vozes, diante das quais Schreber é coagido a retrucar: 1 – "render-me ao fato de que sou idiota", 2 – "ser exposto como renegador de Deus", 3 – "pensar bem".

Ainda dentro da questão das alterações da ordem significante na psicose, decorrentes do encontro do sujeito com o buraco no simbólico, encontramos aquele fenômeno elementar ao qual Bleuler se referira como a principal característica da esquizofrenia, a saber, o distúrbio das associações, o afrouxamento do elo associativo que podemos sempre identificar no esquizofrênico. Esse sintoma primário aponta para a incapacidade deste sujeito em debelar esse efeito de abismo, de voragem que se abriu no interior de seu discurso, associado à inexistência de um Outro que garanta minimamente a ordem discursiva. Esses pacientes costumam se queixar de que não mais entendem as falas que lhes são dirigidas, de que não apreendem os textos que lêem, enfim, de que já não conseguem mais juntar as idéias umas às outras, o que lhes provoca constantemente um sentimento de que estão alheios, de que estão do lado de fora de tudo o que acontece à sua volta.

O PSICÓTICO NA ENCRUZILHADA EDÍPICA

A fim de apreendermos que tipo de falha na estruturação simbólica produz os efeitos que estivemos estudando acima, será necessário fazer uma pausa na abordagem especificamente lingüística da questão psicótica e retomarmos propriamente a experiência edípica, segundo a releitura lacaniana de Freud. Para Lacan, o Édipo freudiano é uma abordagem mítica daquilo que opera da ordem da estrutura. Sendo estrutural, o Édipo não pode ser confundido com uma etapa ou uma fase, mas se trata, antes de tudo, de um momento constituinte da subjetividade, quando se decidem as linhas de força que irão definir a arquitetura do psiquismo.

No seminário V *As formações do inconsciente*, de 1958, Lacan pensa o Édipo a partir de três tempos lógicos. No primeiro tempo, que coincide com o último tempo do estádio do espelho, encontramos a criança em uma relação dual com a mãe, na medida em que aquela, localizando especularmente aquilo que supõe ser a falta da mãe, acredita poder adequar-se à imagem ideal capaz de responder pela demanda materna. Uma vez que a mãe é um sujeito inserido no simbólico, sua falta será, conseqüentemente, uma falta fálica, e a criança buscará, precisamente, ser o falo que falta à mãe. Essa dinâmica, é evidente, só pode ocorrer na condição de que a criança tenha sido previamente investida pela mãe como objeto idealizado de seu desejo. O olhar desejante da mãe é decisivo para a constituição do estádio do espelho e a conseqüente identificação fálica da criança. Dessa relação dual primeira advém o segundo tempo, em que entra em cena um estranho, o pai, o qual surge para a criança como um perturbador do gozo, alguém que é responsável pelo desalojamento do filho com relação à posição de falo da mãe. Para tanto, é preciso, evidentemente, que esta mãe se situe como desejante em relação a esse homem, o que vai pontuar para a criança ao mesmo tempo que a mãe é portadora de uma falta essencial, a qual o filho não está em condições de preencher, e que o pai tem uma relação decisiva quanto a essa falta.

Em uma palavra, esse segundo tempo traz à cena um pai que é situado como privador do falo materno e que, por isso mesmo, é o verdadeiro detentor do atributo fálico, o que será suficiente para que a criança o configure como todo-poderoso, figura do Pai imaginário, e que dele passe a temer destino semelhante ao sofrido pela mãe, isto é, a castração. Lacan é bastante enfático quando frisa que o momento decisivo do Édipo se dá para a criança com relação à apreensão da castração da mãe. Esse é o pivô que irá fazer instaurar a estrutura. Nesse momento fundamental, a criança se vê diante de uma situação muito parecida com a do psicótico, a saber, a experiência de se deparar com um vazio, um furo no Outro, que se manifesta para ela sob a forma de um desejo materno enigmático, posto que não se deixa mais apreender nas malhas narcísicas do estádio do espelho. Esse é, certamente, um momento de grande angústia, na medida em que esta criança já não sabe mais o que o Outro quer dela, o que a coloca de fato diante da perplexidade angustiante. O remetimento que a mãe promove em relação ao pai, entretanto, irá configurar a saída para este impasse. O Pai imaginário, tirânico, será portanto responsável pela renúncia da criança ao gozo incestuoso, o que marcará para esta sua castração imaginária. Momento de negativização do falo, em que a criança se vê feminilizada diante deste Pai enquanto um macho poderoso com o qual não se poderia a princípio competir.

A dialética, porém, não cessa neste ponto, desembocando, logicamente, no terceiro tempo do Édipo, marcado sobretudo pela relação da criança ao pai. Neste ponto, a questão da angústia da primeira irá se resolver na medida em que o pai não interdita somente o filho do gozo incestuoso com a mãe, mas também impõe a esta a renúncia à demanda de reintegrar seu produto, isto é, a criança. Por outro lado, nesta etapa o filho irá confrontar-se imaginariamente com esse Pai todo-poderoso, o qual será assassinado simbolicamente, o que corresponde portanto à castração também do pai. Esse pai morto, que Lacan retomará das reflexões freudianas e nomeará Pai simbólico, será responsável pelo pacto edípico, através do qual entrará como doador, operando em relação ao filho a transmissão fálica, correspondente à identificação viril do filho ao pai, cujo efeito será o de retirar o menino da posição feminilizada do segundo tempo, permitindo-lhe então deixar a situação de perplexidade e angústia anterior, uma vez que a versão paterna (*père-version*) irá fornecer à criança uma possibilidade de se servir do significante fálico a fim de fazer borda ao buraco no simbólico implicado no enigma do desejo materno.

O operador metafórico e a abstração esquizofrênica

A esta complexa elaboração simbólica corresponde o recalque originário, o qual tornará a criança capaz de esquecer o Outro, que se tornará por isso mesmo silencioso, passando a constituir o inconsciente daquele sujeito, esclarecendo a afirmação lacaniana segundo a qual o inconsciente é o discurso do Outro. Também como saldo desta dialética, teremos a passagem, para a criança, da posição de ser o falo para tê-lo. Neste processo, como se pode depreender, para poder ganhar é preciso antes perder, ou seja, é somente na medida em que o falo é primeiramente negativizado junto à criança que esta poderá, no momento posterior, ser portadora do título que o positive. Lacan dirá desta posição que o sujeito então "não é sem tê-lo". Uma boa ilustração deste processo nos é fornecido pelo pequeno Hans, em sua segunda fantasia do bombeiro, o qual vem desatarraxar seu pipi para em seguida fornecer-lhe outro maior[3].

A função do pai nesta trama elaborada que o Édipo apresenta será nomeada por Lacan como sendo a metáfora paterna. O pai é uma metáfora, ele afirma, relendo a afirmação freudiana segundo a qual o reconhecimento do pai corresponde a um ganho civilizatório, embutindo necessariamente um ato de fé, uma sublimação, na medida em que, se a mãe é certíssima, o pai, por sua vez, é sempre incerto, sendo preciso neste caso um ato de reconhecimento, de atribuição. O pai é uma metáfora, dirá Lacan, uma vez que sua função implica precisamente a substituição de um significante por outro, produzindo com essa operação um novo sentido. No Édipo, o significante do desejo da mãe será substituído pelo significante paterno. Neste processo, o significado ao sujeito, articulado inicialmente à relação de alienação especular junto à mãe, será nadificado, para em seguida ser atribuída ao sujeito a significação fálica, prerrogativa da função paterna.

O exemplo utilizado por Lacan no seminário III para ilustrar a substituição metafórica é extraído do verso de Victor Hugo: "Seu feixe não era avaro nem odiento". Este trecho se refere a Booz, o ancião, que com avançada idade recebe a notícia de que será pai, e o verso se refere justamente à surpreendente fecundidade de sua verga, seu membro viril. Neste caso, feixe tomou o lugar de Booz, que foi portanto

[3] Freud, S., "O caso do pequeno Hans", in *Obras completas*, vol. X, Imago, Rio de Janeiro, 1992.

negativizado, isto é, separado da idéia que a ele estava previamente associada, a saber, de velho improdutivo. Essa anulação de sentido é necessária para que o procedimento metafórico possa precisamente propor um novo significante para se associar a Booz e, com isso, produzir um novo sentido, o de procriador. A metáfora, como vemos, comporta também três tempos.

Como constata Lacan, a metáfora não consiste em uma operação entre outras dentro do funcionamento da linguagem; antes, pode-se dizer que esta é especificamente constituída por metáforas e metonímias, ou condensações e deslocamentos, se ficarmos com a terminologia freudiana. Na medida em que a língua, como já dizia Saussure em seu *Curso de lingüística geral*, não é uma nomenclatura, mas um sistema, e isto implica que, antes de um signo remeter a uma coisa do mundo, os signos não fazem nada mais que remeter sempre, quando se quer saber seu valor, a outros signos do sistema. Dessa forma, o procedimento linguageiro, na abordagem de qualquer objeto, consiste sempre em cercá-lo através de metáforas e metonímias. Como constatamos, nos propusemos a deixar a lingüística para retomar o Édipo freudiano, mas acabamos retornando às questões que envolvem o significante, o que não é de forma alguma surpreendente do ponto de vista lacaniano, uma vez que, dentro desta perspectiva, as formações culturais e as relações intersubjetivas, em linhas gerais, são tributárias da estruturação da cadeia significante.

Ora, se retomarmos o exemplo freudiano utilizado em nosso segundo capítulo, quando a paciente de Tausk, após haver brigado com o namorado, chega à sessão afirmando que seus olhos estão virados, que o médico observe sua face para verificar a correção de sua afirmação, ao mesmo tempo que relata o episódio com o rapaz, descrevendo-o como um *Augenverdreher* (virador de olhos, enganador), constatamos que este sintoma esquizofrênico expõe precisamente o oposto do que seria de se esperar de uma metáfora. A histérica, afetada também pelo conflito com o namorado, poderia aparecer na sessão, como avalia hipoteticamente Freud, com a cabeça virada por um torcicolo, sem nada lembrar da briga da noite anterior, e através desta conversão somática expressaria, sem se dar conta, sua leitura do episódio ocorrido, mostrando que seu namorado era, em sua opinião, um "virador de olhos", um enganador[4].

Neste caso, como se vê, teríamos uma metáfora constituída em todas as suas características, porém dentro do uso simbólico que a histérica faz de seu corpo, produzindo, por meio de uma cena fantasmática, uma fala amordaçada, que expressa aquilo que ela não pôde dizer, possivelmente pela força que a idealização da imagem desse namorado lhe impôs, no sentido de silenciar acerca daquilo que poderia vir macular imagem tão consistente. A metáfora inconsciente que o neurótico produz atesta precisamente que o mesmo dispõe da metáfora paterna, isto é, atravessou o Édipo e conseqüentemente pode se servir do símbolo para lidar com o que é da ordem do traumático.

A desmetaforização característica da psicose, como nos mostra o exemplo acima, vem expor que algo deixou de ocorrer no percurso que seria o do sujeito no Édipo, ausência cuja conseqüência é precisamente o encontro com o abismo semântico que é a marca do desencadeamento das psicoses. Se, como vimos, a linguagem é essencialmente metafórica e o sujeito psicótico carece desse recurso, é lógico que a qualquer momento a articulação lingüística poderá lhe faltar no trato de suas experiências, deixando-o justamente em plena perplexidade ali onde uma diferença se coloca de forma inarredável para ser significada pelo sujeito.

O NOME-DO-PAI

Com isso, chegamos no aspecto fundamental da conceituação lacaniana acerca de determinação das psicoses. O que faltou, para o psicótico, como Lacan sustenta no seminário III, bem como no texto "Questão preliminar", foi a incidência da função paterna no Édipo, necessária para proporcionar ao sujeito o acesso ao uso minimamente estruturado da linguagem. Podemos apreender na dinâmica edípica a intervenção de dois planos ordenadores da subjetividade, o plano especular e o simbólico. De certa forma, pode-se dizer que a experiência edípica

---

4 Freud, S., "O inconsciente", in *Obras completas*, vol. XIV.

implica uma certa aniquilação da estruturação prévia do sujeito, a imaginária especular, aniquilação necessária a fim de poder instaurar a regulação significante. Se o vivido do sujeito se estruturava anteriormente pela significação alienante proporcionada pela identificação com a imagem ideal fornecida pelo espelho a partir da autentificação materna, o que situava o sujeito como falo imaginário da mãe, a entrada do pai terá como efeito a inviabilização deste modelo organizacional. Se, entretanto, esse pai real surge quebrando o espelho e, no entanto, não promove uma nova regulação, então estaremos precisamente na dinâmica psicótica. É assim, justamente, que Lacan se expressa em "Questão preliminar": "Para que a psicose se desencadeie (...) é preciso que Um-Pai se situe na posição terceira em alguma relação que tenha por base o par imaginário a-a', isto é, eu-objeto ou ideal-realidade, concernindo o sujeito no campo de agressão erotizada que ele induz"[5].

O que denominávamos mais acima exclusão do Outro na psicose diz respeito precisamente à inexistência deste modo simbólico de regulação proporcionado pela função paterna no Édipo. Este fracasso paterno, fracasso na instauração de um operador estrutural, se dá a partir de diversos determinantes. Pode ocorrer que o pai, por demérito, inviabilize todo o processo, na medida em que uma das condições fundamentais para a operação metafórica supõe que o pai seja capaz de dar mostras de ser o legítimo detentor do falo, o que se afigura bem diferente da simples possessão ou não do pênis. Essa atribuição fálica subentende que esse pai possui alguma autoridade junto à mulher e que, de alguma forma, se faz por esta desejar. Se não é o pai que fracassa em se fazer desejar e respeitar, pode ocorrer, o que de fato é o que se dá na grande maioria das vezes, que a mãe não situe este homem em sua função paterna, por uma dificuldade dela mesma no que diz respeito à sua própria relação com a falta. É decisivo o modo como a mãe se relaciona com sua própria falta a fim de que seja propiciada à criança a possibilidade de se haver com um certo vazio constituinte que a conduzirá justamente à constatação da castração da mãe e ao conseqüente recurso ao pai en-

5 Lacan, J., "Questões preliminares...", in *Escritos*, p. 435.

quanto suposto saber algo acerca do gozo desconhecido da mãe. Se a mãe se utiliza da criança, o que sempre ocorre em algum grau, a fim de obturar sua falta, fazendo desta um mero objeto metonímico seu, cuja função é antes de tudo de tamponamento, de sutura de sua própria questão colocada a partir de sua relação com o vazio da feminilidade, então teremos uma mãe que se situa unicamente no lado masculino, o que terá por conseqüência a anulação de uma possível intervenção paterna enquanto instância terceira reordenadora das relações entre mãe, pai e criança.

A questão colocada pela função paterna, entretanto, é abordada por Lacan de uma forma muito mais minuciosa e aprofundada que a simples colocação da metáfora paterna no Édipo. O que do pai opera na estrutura será denominado, na elaboração lacaniana, o significante do Nome-do-Pai, significante primordial cuja elucidação necessita de um tratamento pormenorizado. Esse conceito já aparece no seminário III, embora seja explicitado formalmente dois anos depois, no texto da "Questão preliminar". Trata-se de uma reflexão que acompanhará toda a elaboração da teorização lacaniana, apresentando dificuldades em sua abordagem que chegam a fazer parte da história do percurso intelectual lacaniano.

No décimo primeiro ano de seu seminário, no período de 1963-64, por exemplo, Lacan anunciará que o título de seu novo seminário, após o último, sobre a angústia, será, por motivos de ordem lógica, isto é, de desdobramento conceitual de suas reflexões, *Nomes-do-Pai*. Este seminário, entretanto, será interrompido após somente uma aula, sob a alegação de que a conjuntura do meio institucional psicanalítico inviabilizaria a continuação da abordagem por ele desta temática. Ocorre que na noite anterior ao proferimento desta primeira aula ele recebera a notícia de que afinal a longa e penosa polêmica envolvendo suas relações institucionais com a IPA (Associação Psicanalítica Internacional), da qual ele era membro didata na época, acabara de provocar seus primeiros resultados concretos, a saber, a partir daquele momento o ensino lacaniano não mais seria considerado como psicanalítico pelos membros da citada associação, e que Lacan não era mais reconhecido como psicanalista didata da instituição. Essa determinação implicava, de forma patente, uma desautorização, por parte da IPA, de seu trabalho, o que, na época, tornava muito difícil a situação de Lacan como psicanalista verdadeiramente "excomungado"[6] – esse é o termo que ele mesmo usou para qualificar a resolução institucional. Sua reação será precisamente a de suspender a continuação do seminário deste ano, após apenas essa primeira aula, e propor outro tema para o ensino, devido à convicção de que ainda era por demais precoce, diante das resistências provocadas, o tratamento conceitual desta questão acerca da paternidade.

É interessante constatar que, na história da reflexão religiosa, todas as vezes que pensadores cristãos ou hebraicos se propuseram a abordar a delicada questão do Nome-do-Pai, isto é, o nome verdadeiro de Deus, esse trabalho trazia como conseqüência efeitos nocivos sobre a saúde psíquica dos investigadores. Assim, dizia o célebre Rabi Shimon Bem Yojai, no século XIII, após consentir com a demanda de seus discípulos que desejavam saber acerca do grande mistério: "Eis aqui o que se passa, como eu temia. O castigo do céu baixou sobre nós, porque nos atrevemos a participar da revelação dos mistérios tais como nunca haviam sido revelados desde os tempos de Moisés"[7].

Segundo o relato do Zohar, nesse momento o público pôde ouvir uma voz que respondeu desde o céu: "– Sabei que aqueles que penetraram o significado interno dos mistérios, que são causa de tremor, assim acima como abaixo, se expõem à morte. E a alma que aprende acerca de Deus se consome no desejo de voar até Ele, tão logo como os mistérios lhe são revelados"[8].

Esse comentário histórico guarda uma relação com o episódio do seminário inacabado lacaniano. Trata-se do reconhecimento, por Lacan, de que o Nome-do-Pai, enquanto significante primordial, se configura como um estruturador essencial da subjetividade, de forma que abordá-lo, trazê-lo à cena implica manipular elementos que são fundantes para todo sujeito e que, enquanto tais, operam silenciosamente e precisam mesmo de um certo esquecimento para operar adequadamente.

---

6 Lacan, J., Seminário XI, *Os quatro conceitos fundamentais da psicanálise.*

7 Rabinovich, N., *El Nombre del Padre*, p. 97.

8 Ibidem, p. 97.

Um saber que seria absoluto

A nós parece que uma boa maneira de abordar a questão do Nome-do-Pai seja iniciar pelo estudo do estatuto do sujeito-suposto-saber, conceito lacaniano relativo ao lugar ocupado por aquele a quem é endereçada a demanda transferencial durante a análise. Como dissemos, uma diferença importante entre a estrutura neurótica e a psicótica reside na disposição que o neurótico apresenta, e que não se encontra nos psicóticos, para instituir um outro em um lugar de suposto saber. O neurótico opera constantemente com o conceito de verdade, o qual é tributário justamente da suposição de que, mesmo em meio à conjuntura o mais movediça possível, há alguém que sabe acerca do que se passa, há um Pai que responde e que, por isto mesmo, não engana. É fácil ver que esta crença está na base da tendência que todo neurótico tem de acreditar em Deus. Tal crença, por alienante que seja, permite ao neurótico, em contraposição ao psicótico, repousar, mesmo em meio à confusão, posto que existe um pai que zela pela sustentação da ordem e que é capaz de acalmar as forças mais incontroladas da natureza. Poderíamos dizer que, para o neurótico, a estrutura é centrada, possui um núcleo imutável e idêntico a si que garante estabilidade ao sistema das diferenças. Como já vimos, este centro, ao longo da história, recebeu nomes muito diferentes; entretanto, isso não importa, o decisivo é que sempre parece ter havido a crença estabelecida de que o centro existe e que portanto a estrutura não se encontra à deriva[9].

Ora, esta questão do Pai onipotente se afigura um ponto de choque entre a teoria lacaniana e a freudiana. Sabemos, a partir do texto "Análise terminável e interminável", de 1937, que Freud acreditava ser o complexo de castração um ponto inultrapassável na análise dos neuróticos, ou seja, que a análise não poderia esperar permitir aos sujeitos superar suas angústias de castração. Lacan discorda desta posição freudiana e argumenta, teoricamente, que a análise pode e deve conduzir o sujeito além

[9] Derrida, J., "A estrutura, o signo e o jogo no discurso das ciências humanas", in *Escritura e diferença.*

da angústia da castração, isto é, não à superação da castração, o que de fato é impossível, mas à assunção não angustiada da mesma, ou seja, em uma perspectiva nietzscheana, ultrapassar a questão com o pai, sair de sua sombra, não implica o repúdio da castração, o que seria equivalente à onipotência, mas, ao contrário, o reconhecimento e a afirmação, até mesmo entusiástica, dessa castração, que afeta por sua vez não só o sujeito, mas, principalmente, também o Outro, e neste ponto lembremo-nos do alerta lacaniano de que o ponto pivô do Édipo consiste não só na aceitação da própria castração, mas, antes, no reconhecimento da castração da mãe, o que conduzirá, logo a seguir, à constatação de que o pai também é castrado.

A crítica que Lacan faz a Freud consiste na denúncia da operação de salvação deste pai onipotente que se dá na teoria freudiana, embora, é certo, a conceituação de Freud de que o pai que opera no psiquismo é o pai morto já constitui uma primeira e fundamental ultrapassagem da onipotência paterna. Todavia, o texto freudiano citado de 1937 resguarda a posição de um Pai privador que submete o neurótico a um conflito indefinidamente duradouro. A análise lacaniana, portanto, diferentemente da freudiana, visa conduzir o sujeito até o ateísmo estrutural. Justamente, a conclusão teórica de Lacan é de que o final da análise implica o ateísmo, o que não provoca no neurótico nenhuma deriva ingovernável, como seria de supor a situação de um sujeito que já não pode mais contar com a salvaguarda de uma garantia da verdade.

Ora, avalia Lacan, é precisamente no momento em que o Pai divino decai que o Nome-do-Pai pode operar em sua forma mais correta, fornecendo ao sujeito uma referência compatível com um campo que é da ordem do significante e não da significação. Isso só é possível na medida em que o Nome-do-Pai é o significante que se encontra na origem lógica da linguagem e que, por isso mesmo, assegura seu funcionamento ordenado[10]. Conseqüentemente, devemos concluir que Deus, ou o suposto-saber, é o reverso manifesto do Nome-do-Pai enquanto operador inserido na estrutura. O Nome-do-Pai, como dizem as escrituras sagra-

---

[10] Lacan, J., Seminário XXIII, *O Sinthome.*

das, e é de onde Lacan irá mesmo extrair o termo, é, por sua própria natureza, isto é, por ser o nome do Pai, o nome de Deus, essencialmente incognoscível, impronunciável. Não se pode conhecê-lo, é o que os textos religiosos sempre afirmaram, e é devido a isso que Moisés, no episódio da sarça ardente, ao indagar ao Senhor por Seu nome, a fim de saber como iria falar d'Ele para o povo de Israel, recebe como resposta o "Eu sou aquele que sou", ou seja, continua a não saber qual Seu verdadeiro nome. Vamos interrogar então as origens lógicas da linguagem a fim de localizar com precisão a natureza conceitual desse operador que é o Nome-do-Pai.

Um mito acerca das origens lógicas da linguagem

Há uma dificuldade quando se deseja pensar o início da linguagem, sobretudo a partir de uma concepção estruturalista, na medida em que, como se sabe, a noção de estrutura é necessariamente relacional, de forma que neste tipo de reflexão se trabalha sempre em um nível sincrônico, relativizando com isso a diacronia. Entretanto, é possível pensar a origem da linguagem desde que descartemos a idéia de que se deve partir da suposição de que aquela surge a partir de um elemento originário que seria responsável pela geração de todos os outros. Lacan refere-se *en passant* a esta questão no seminário III, mas é no seminário IX, *A identificação* (Lacan, 1962), que irá abordar detidamente esta problemática, cercando justamente a questão da origem do significante[11].

Sendo, portanto, tudo o que é da ordem do originário problemático para se abordar logicamente, vamos nos servir do recurso mítico a fim de auxiliar a reflexão. Imaginemos, então, uma hipotética tribo antiga, a qual se utilizaria de uma linguagem muito rudimentar, na qual cada objeto teria um e somente um nome para designá-lo. Assim, haveria o termo "sol" para designar o astro rei, bem como "cacique" nomearia o líder da tribo. Suponhamos que, um belo dia, alguém decidiu, com a anuência dos outros tribais, designar o cacique também como sol, a partir da idéia

[11] Lacan, J.. Seminário IX, *A identificação*, lições de 20/12/1961 e 12/01/1962.

de que, tal como o astro que domina o dia, o cacique também governa a tribo. A partir deste momento, ocorre o seguinte: quando ouvem o termo "sol", os nativos já não sabem mais a que este nome se refere, se ao astro ou ao cacique. Dessa forma, deu-se que "sol" deixou de ter um significado imutável como anteriormente, passando a não ser mais que um nome, um som ou uma marca fonética passível de diversos usos. Essa operação que descrevemos corresponde à primeira metáfora surgida. Para não ficar na total indecidibilidade, decidiu-se, por convenção, agregar, toda vez que se usasse o termo "sol", um outro termo conjugado, o qual funcionaria como um determinativo a fim de assegurar o sentido desejado para o termo.

Outros procedimentos como o acima citado, entretanto, continuaram a ocorrer dentro desta tribo que se destacava das outras por sua criatividade. Conseqüentemente, de forma gradual, ocorreu que a linguagem, outrora rudimentar, foi se enriquecendo com um batalhão de metáforas, sendo todavia sempre contrabalançado tal movimento pela definição de determinativos capazes de amarrar adequadamente o sentido do que se dizia. Houve um dia, porém, após a reiteração indefinida dos procedimentos metafóricos, que a utilização de um outro termo da língua como determinativo, se servia para diferenciar os diversos usos, trazia, por sua vez, uma nova indeterminação, na medida em que o próprio determinativo também já fora alvo de operações metafóricas. Dessa forma, percebeu-se que, se a agregação de um segundo termo ajudava na determinação do sentido, diminuindo a ambigüidade do termo metafórico, por outro a nova ambigüidade trazida pelo segundo termo, que funcionava como determinativo, exigia por sua vez a intervenção de um terceiro termo para conferir maior exatidão; esse terceiro termo, por seu lado, exigia a presença de um quarto termo, o qual cobrava um quinto, e assim por diante, de forma que se percebeu que a linguagem já não permitia mais a determinação de um sentido exato como era possível nos tempos primeiros, quando cada termo só anunciava um objeto e nada mais. Por outro lado, os tribais deram-se conta de que, com sua nova linguagem, sua criatividade e, conseqüentemente, sua capacidade de pensar e resolver problemas haviam evoluído de uma forma incalculável, mas ao preço de uma perda de precisão na linguagem. Esse grupo, portanto, tornou-se, assim, o primeiro povo humano propriamente dito, na medida em que se mostrava portador de uma linguagem constituída, o que o diferenciava de todos os outros animais.

Essa construção hipotética nos mostra como nossa linguagem, tal como ela é, nasceu a partir da criação do recurso metafórico. Entretanto, a estória não termina por aí, pois, uma vez percebido que os determinativos já não bastavam mais para assegurar a boa circunscrição do sentido, os nativos deram-se conta, desta vez apavorados, de que os termos de sua nova língua apresentavam propriedades inquietantes. Perceberam, por exemplo, que, quando se repetia um mesmo termo em uma nova frase, esse termo já não tinha o mesmo sentido que antes, de forma que as palavras desta nova língua eram estranhamente desprovidas de identidade. Elas não eram idênticas a si mesmas, pois não mantinham qualquer estabilidade ao se repetirem. Perceberam, também, que termos diferentes, que originariamente haviam servido para designar objetos claramente diferenciados, agora passaram a ter seus sentidos bastante aproximados, até mesmo confundidos, de forma que se tornou impossível definir com clareza duas categorias distintas de termos, posto que estes se misturavam.

Diante deste escândalo, a decisão tomada foi a seguinte: toda vez que, ao definirem-se duas categorias semânticas razoavelmente distintas e claras, surgisse, a certa altura, um termo que, por pertencer a ambas as categorias ao mesmo tempo, teria por conseqüência anular todos os esforços despendidos até então no intuito de separar os diferentes, este termo teria conseqüentemente seu uso interditado, até por fim ser completamente esquecido pelos nativos. Os termos contraditórios, de dupla face, não-idênticos a si mesmos, seriam, a partir de então, sumariamente eliminados, postos fora de circulação, a fim de evitar que o caos tomasse conta da nova língua, por outro lado tão interessante para os nativos. Esse esquecimento originário, portanto, deu origem à noção de verdade, uma vez que, a partir deste procedimento inaugural, a nova língua ganhou muito em clareza e definição, em estabilidade semântica, sem perder em contrapartida a flexibilidade que era o seu grande trunfo com relação à língua primeira, totalmente rígida em suas nomeações de objetos.

Pois bem, este procedimento acima descrito corresponde precisamente ao surgimento na linguagem do Nome-do-Pai, enquanto um significante primordial impronunciável e incognoscível, posto que radicalmente esquecido, lançado para fora da cadeia da língua. Este termo primeiro, portanto, tornara-se para os tribais um tabu, posto que era radicalmente interditado se utilizar de qualquer termo que se apresentasse como contraditório, como portador de uma dupla face. Somente o Grande Pai, o ancestral da tribo, poderia utilizar este tipo de palavra, uma vez que àquele fora permitido alcançar o que a todos os outros seria impossível. Portanto, somente o Pai, já morto desde tempos imemoriais, poderia se apresentar com esta característica da contradição, da duplicidade; os nativos, por sua vez, deveriam aceitar a limitação de pertencerem a uma categoria ou outra, sabendo que a pertinência a uma delas implicava necessariamente a perda do direito de participar de outra ao mesmo tempo.

O que descrevemos de forma mítica pode ser considerado como uma mostração da estrutura da linguagem. Constata-se, também, que o nascimento da linguagem metafórica coincide com o surgimento da escritura enquanto demarcação dos termos da língua como marcas fonéticas e não como representações pictográficas. É interessante observar que as escritas ideográficas, como o chinês, por exemplo, mostram a transformação de uma escritura outrora pictográfica, figurativa, em uma escrita fonética, quando os ideogramas já representam não mais idéias porém sons da língua[12]. O estudo destas escritas, tais como os hieróglifos decifrados por Champollion, auxiliaram Freud a perceber que os sonhos, com suas imagens, não são representações, mas sim representantes da representação, *Vorstellungsrepresentanz*, ou seja, marcas que constituem um texto escrito a ser decifrado. Há portanto uma concomitância entre o aparecimento da escritura e o surgimento da linguagem, na medida em que ambas derivam do uso metafórico da língua, uma vez que este uso tem por conseqüência o isolamento de um termo do sistema de seu sentido, passando esse termo ao estatuto de pura marca, de traço unário[13].

---

[12] Ibidem.

[13] Allouch, J., *Letra a letra.*

SÓ A NOMINAÇÃO FURA

Voltemos, entretanto, a interrogar a relação da função paterna com o significante primordial, o contraditório. Esse termo de dupla face, como vimos, através de seu desaparecimento providencial, seu alijamento para longe da cena lingüística, teve como efeito a estabilização semântica da linguagem, tornando nítidas as categorias, distinguindo com clareza os termos. O desaparecimento do elemento contraditório, portanto, fez nascer o regime da verdade, da identidade a si. Esse serviço prestado parece residir na função de condensação da contradição que este termo promove, o que libera justamente os outros termos da língua de terem que se haver com suas próprias indeterminações. No lugar do termo contraditório eliminado, que se tornou conseqüentemente faltante, foi colocado um traço, um termo que substituiu o antigo e que, desde então, passou a contar na língua como um outro termo qualquer, embora se pudesse perceber que ele se comportava de uma forma até certo ponto neutra, posto que, diferentemente dos outros, não era opositivo, não forçava a constituição de categorias opostas como os termos do sistema tradicionalmente provocam. Esse passou a ser o termo neutro da língua, ao mesmo tempo diferente de todos os outros, por sua ausência de propriedades, porém semelhante, por contar como um entre outros. Foi o artifício encontrado para se opor ao sem-sentido que o termo originário apresentava. O apagamento originário do elemento sem-sentido ou contraditório teve portanto como conseqüência a constituição da língua em condições de funcionar satisfatoriamente sem a produção, daí em diante, de contradições mortais.

Assim, em termos lacanianos, diremos que a ex-sistência desse significante originário assemântico assegurou o fechamento do conjunto da língua enquanto um sistema posicional de coerências. Esse significante, Lacan nomeou-o Nome-do-Pai, posto que a função do pai no Édipo é justamente a de ser uma exceção, isto é, aquele ao-menos-um que escapa à castração e assim pode condensar em seu nome o gozo sem-sentido que a criança percebia antes frente ao desejo enigmático da mãe, e produzir, dessa forma, um traço que pudesse permitir à criança, ao mesmo tempo, escapar à significação ideal alienante que a mãe lhe fornecera no estádio do espelho, bem como não ficar perdido sem esta nominação imaginária, mas, antes, a partir da nominação simbólica operada pelo Nome-do-Pai, fazer borda a esse gozo sem-sentido, a fim de poder defender-se dele, bem como também dele se servir parcialmente para gozar de uma forma possível[14].

A função paterna, função do significante do Nome-do-Pai, portanto, é fornecer à criança uma nominação que faça furo no Outro, tornando-o inconsistente e assim rompendo o laço narcísico criança-mãe-falo imaginário, bem como proporcionar uma letra de gozo capaz de nomear o buraco no simbólico, tornando-o manipulável. Essa letra de gozo, é claro, não pode permanecer a céu aberto, posto que isto traria o sem-sentido para o campo do vivido, gerando contaminação. Por isto mesmo é que o Nome-do-Pai, como afirmavam as escrituras sagradas, deve ser impronunciável e incognoscível, isto é, deve ser originariamente esquecido. Este esquecimento é subjetivante, posto que assegura o furo no Outro, bem como promove uma amarração adequada do campo semântico. Com essa letra de gozo inconsciente, o sujeito irá se identificar, identificar-se ao pai morto, identificação simbólica na medida em que se trata de uma identificação ao traço e não a uma imagem, e é este traço unário inconsciente que corresponderá à constituição do sujeito do desejo no campo do Outro, através do qual esse sujeito irá buscar recuperar em parte o gozo perdido por ocasião da queda do Outro consistente, queda que Lacan definirá como castração, sendo então perdidos, neste caso, os objetos *a*, objetos pulsionais que responderiam supostamente pela completude imaginária do Outro[15].

A letra de gozo inconsciente que é o Nome-do-Pai também é conhecida na teoria lacaniana como falo simbólico, o significante cujo recalcamento faz com que o inconsciente seja linguagem. Por isto Lacan dirá que o falo é véu, que o falo só pode operar enquanto velado[16]. Trata-

---

14 Lacan, J., Seminário XX, *Mais, ainda*.

15 Lacan, J., Seminário XI, *Os quatro conceitos fundamentais da psicanálise.*

16 Lacan, J., "A significação do falo", in *Escritos.*

se de um significante sem sentido que, operando no furo do recalcamento originário, faz com que o gozo desconhecido do Outro primordial seja bordejado por aquilo que Lacan irá definir como gozo fálico, ou gozo significante, o único do qual o ser humano pode ter notícias. É justamente esse significante fálico, proporcionado à criança pelo Pai simbólico, que irá fazer com que a sexualidade, em psicanálise, seja uma estrutura, cada um dos sexos se posicionando em uma série a partir do modo de se relacionar com o falo.

Podemos entender agora a polêmica Freud-Lacan com respeito ao final da análise. Se em Freud o fim de análise jamais ultrapassa a angústia de castração, é na medida em que o Pai suposto saber é pensado por Freud como sendo insuperável. Na perspectiva lacaniana, é possível renunciar ao Pai, desde que dele tenhamos sabido nos servir, frisa Lacan[17]. A deposição do suposto-saber não produz deriva, segundo a teorização lacaniana, precisamente porque ao abandonar essa referência ideal constituída pela figura de Deus Pai o sujeito passa a se referenciar precisamente por aquilo que de fato responde pela organização de seu discurso, isto é, sua própria falta, o furo do simbólico, a castração, o referente sem sentido que, ao faltar em seu lugar, organiza os termos que ficaram. A análise lacaniana termina ao desembocar no furo do *Urverdrangung*, o recalcamento originário, única referência real do sujeito, aquela que se sustenta a partir do exercício do desejo[18]. É neste sentido que o Nome-do-Pai representa para Lacan o significante que, no campo do Outro, se sustenta como significante da Lei. Daí ser a função paterna a de ser um representante da Lei[19]. Ao pai não cabe opor desejo e Lei; ao contrário, a tarefa paterna é a de unir o desejo à Lei. E essa Lei, frisemos, é a lei do sem sentido, a lei do mal-entendido primordial, que proporciona ao sujeito um nome próprio enquanto marca sem significado, puro significante.

---

17 Lacan, J., Seminário XXIII, *O Sinthome.*

18 Ibidem.

19 Lacan, J., Seminário V, *As formações do inconsciente.*

De que fracasso se trata nas psicoses?

Busquemos então refletir sobre o que significa e quais as implicações embutidas no fato de que as psicoses se caracterizam estruturalmente pela não-inscrição no campo do Outro do significante do Nome-do-Pai. Em primeiro lugar, vamos procurar apreender como se dá esse fracasso da inscrição da lei paterna, e faremos isso remetendo-nos ao Édipo. A partir do que já conceituamos, podemos concentrar nossa atenção sobre o segundo tempo edípico e também em sua passagem ao terceiro tempo, pois muitos indícios nos indicam que são estes dois tempos que faltam no psicótico e que o mantêm impedido de prosseguir em seu percurso dialético rumo à constituição do sujeito do inconsciente, sujeito dividido, desejante.

Como vimos, no segundo tempo um Pai imaginário todo poderoso veio privar a mãe do atributo fálico. Pode-se depreender que o psicótico alcançou esta etapa lógica, pois é freqüente percebermos que o mesmo, ainda que nunca tenha surtado, de alguma forma sabe como fazer a fim de evitar o ponto inconsistente de seu discurso, da maneira como Lacan descreve no seminário III, referindo-se àquele modo de livrar-se de um impasse simplesmente evitando ser colocado na situação de ser questionado, o que constitui o recurso mais utilizado pelo psicótico. Disso se infere que o sujeito que tem uma estrutura psicótica operou uma *Verwerfung* do significante do pai, um rechaço radical, expulsão do simbólico que entretanto deixou-o não totalmente desavisado da existência, no Outro, de um ponto a ser evitado, a fim de não ter de se deparar com um vazio radical, como na descoberta de Nataniel, do "Homem da areia", conto comentado por Freud em "Unheimlich" (O estranho), em 1919, quando se dá conta de que a linda moça por quem se havia apaixonado perdidamente não passava de uma boneca de madeira, um autômato construído por um cientista (Spalanzani) e cujos olhos haviam sido arrancados pelo oculista Coppélio, o perverso assassino do amado pai de Nataniel no passado.

Não se pode dizer que o psicótico possua algum saber acerca desse Pai privador, como é o caso do neurótico e do perverso; entretanto, que ele tem alguma noção sobre o buraco no simbólico, mesmo nunca tendo nele caído, disso não há dúvidas. O que fica claro na estruturação psicótica, a partir do que a clínica nos apresenta, é a inexistência de traços do pai. Não há para ele inscrição do Pai imaginário e tampouco do Pai simbólico. O pai imaginário, como mostra Lacan, irá surgir no momento de desencadeamento do surto psicótico, como sendo mesmo o pivô desta eclosão. A obediência neutra e indeterminada do pré-psicótico às ordens de qualquer um, como é praxe nestes sujeitos desde a infância, indica que não houve inscrição do pai imaginário, este que, no neurótico, produz rivalidade narcísica, com comportamentos de submissão, desafio e transgressão por parte da criança. O confronto com o abismo, o buraco no simbólico, por outro lado, atesta que não houve para o psicótico marcação do gozo do Outro, ou seja, nada lhe foi aventado acerca da existência do significante fálico, o qual lhe permitiria construir algum tipo de resposta ao desejo do Outro[20].

No neurótico, que se serviu do pai no Édipo, o desejo do Outro leva à construção do fantasma, onde o gozo será enquadrado à medida que o sujeito der a sua versão, sua frase simbólica acerca do que é o gozo, de como gozar falicamente, isto é, de que maneira recuperar sob forma significante esse objeto *a* que o sujeito foi um dia, ao cair do Outro[21]. Essa fantasia, claro, vai dar origem a sintomas, que serão os modos de resposta do sujeito ao gozo desconhecido, modos de cercar e nomear esse gozo. É assim que, ao longo de uma análise, há a travessia da fantasia, isto é, a desmontagem desta cena ancorada em uma frase simbólica através da qual o sujeito responde ao gozo. A travessia da fantasia implicará a assunção da castração, o que trará como resultado que o sujeito, mesmo que ainda enquadrado pelo fantasma, não mais repetirá a tentativa impotente de escrever a relação sexual, na medida em que o reconhecimento da castração implica a desistência em fazer existir a relação sexual, posto que esta é impossível[22].

---

[20] Lacan, J., Seminário X, *A angústia.*

[21] Lacan, J., Seminário XI, *Os quatro conceitos fundamentais da psicanálise.*

[22] Lacan, J., Seminário XX, *Mais, ainda.*

A inexistência de fantasia na psicose é fruto justamente do fato de que o psicótico, por não poder ter se servido do pai, está incapacitado de construir uma cena, uma frase simbólica que venha, através do gozo fálico, demarcar o gozo enigmático do Outro. No lugar da fantasia, o psicótico colocará o delírio como recurso diante do desejo do Outro. Dessa forma, se o fato de este sujeito fazer seu encontro com o buraco do simbólico aponta que não houve para ele constituição de marcas fálicas do gozo, isto implica a inexistência, para este sujeito, do pai do terceiro tempo, o pai simbólico, esse pai que é doador[23].

De fato, essa questão nos aparece na clínica com a queixa recorrente dos psicóticos acerca do fato de que não receberam qualquer herança do pai, ou de que este nunca lhes ensinou nada sobre o sexo, ou ainda da não-existência de uma dívida simbólica com o pai, na medida em que nada dele receberam. Há portanto ausência de pacto simbólico na psicose, e se pode notar a preocupação destes sujeitos em seguir leis muito rígidas, ou se amparar em normas extraídas da sabedoria popular, provérbios, etc. Fatos clínicos que atestam a ausência de lei paterna, do pai morto freudiano. A respeito dos enunciados chavões que tanto agradam a estes sujeitos, o apego do psicótico às significações ideais de uma comunidade qualquer vem apontar precisamente a não-incidência da estruturação da cadeia significante. Se não é possível produzir sentidos a partir da linguagem enquanto sistema de diferenças, resta ao psicótico o acesso aos signos, com toda a pregnância dos sentidos imaginários por eles fornecidos.

AQUÉM DO SIGNIFICANTE

Do ponto de vista lingüístico, podemos dizer que o que falta à estrutura psicótica é antes de tudo o acesso ao significante. Uma vez que não há significante do Nome-do-Pai, não há conseqüentemente nascimento do significante. Assim, na psicose não há senão sons, ruídos, ou signos que nunca conseguem aceder ao estatuto de significantes. A fun-

[23] Lacan, J., Seminário V, *As formações do inconsciente.*

ção do pai, justamente, é trazer a criança para o registro do significante; por isto mesmo que Lacan vai dizer que a nominação é furo, pois o nome próprio se caracteriza especificamente por ser uma pura marca distintiva, fonética, cujo sentido não deve ser destacado[24]. Ao contrário, um nome próprio, para funcionar, não pode ser reconhecido em primeiro plano por seu significado, o qual, no máximo, pode comparecer como efeito secundário[25].

A inclusão, pelo pai, do significante assemântico vem garantir a propriedade essencial do significante, que é propriamente a de não significar nada, a fim, justamente, de que possa vir a significar qualquer coisa. Se não há então, como constatamos, pai na psicose, o destino psicótico fica portanto preso ao destino da relação mãe-criança. Lacan dirá que a posição do psicótico é a de objeto da fantasia materna[26]. Ou seja, aquilo que a mãe sonha angustiada realizar, o psicótico põe em ato, à revelia do sujeito.

Um sintoma típico dessa estrutura vem apontar para esta questão. Trata-se da bulimia, que comparece sobretudo na esquizofrenia. De uma mãe excessiva, que sempre empanturrou a criança, podemos ter, posteriormente, um sujeito que come de forma desenfreada, como se fora um enorme buraco a ser preenchido. A bulimia psicótica vem atestar a posição de um sujeito que realiza a fantasia materna, na medida em que essa coloca o psicótico no lugar de objeto obturante, cujo dever perante a mãe se torna precisamente o de eliminar qualquer manifestação da falta. A bulimia se presta a esta função de sutura.

O psicótico se torna objeto da fantasia materna na justa medida em que não lhe é possível construir uma fantasia e assim ele mesmo, como sujeito, encontrar sua resposta à demanda da mãe. Em linhas gerais, o Outro para o psicótico permanece inacessível à falta. Quando se depara com essa falta, o dever fundamental do psicótico se mostra ser o de completar este Outro, de uma forma muito mais radical que a questão neu-

---

24 Lacan, J., Seminário XXII, *RSI.*

25 Lacan, J., Seminário IX, *A identificação,* lição de 21/02/1962.

26 Lacan, J., "Duas notas sobre a criança", in *Textos e intervenções 2.*

rótica de fabricar também um Outro não-castrado, uma vez que na psicose, como vimos, não há o recurso da metáfora.

Dessa forma, encontramos na psicose uma dinâmica em que o sujeito se comporta como quem tem um objeto a mais, justamente pelo fato de que não houve castração, e esse objeto então deve ser prontamente devolvido ao Outro, a fim de restituir-lhe a consistência. Uma das problemáticas que usualmente acometem o psicótico, e que deriva estruturalmente de sua posição, é a impossibilidade de ocupar o lugar de quem tem um objeto. Qualquer posse do psicótico estará sempre em perigo, na medida em que nenhum objeto pode ser retirado do Outro, o qual não é portador de um objeto separável.

Entende-se, portanto, que o surto seja desencadeado diante de Um-Pai, privador da mãe, de um objeto fálico. Pela falta mesma da razão fálica, os objetos nesta estrutura não podem circular, o que implica uma impossibilidade de distribuir o gozo. Uma vez mantido na posição de objeto de gozo do Outro, a marca registrada do psicótico será a sua condição apassivada ou assujeitada. Quando estamos em dúvida se uma estória algo mirabolante diz respeito ou não a um delírio, um bom critério diferencial será a indicação de que o sujeito, em toda a trama que ele relata, é, antes de tudo, visado pelo Outro. A iniciativa, na psicose, vem do Outro; é do Outro que vem o gozo que invade o sujeito. Lacan nos diz que o psicótico é mártir do inconsciente, isto é, sua posição é a de uma testemunha aberta daquilo que um outro lhe disse ou o fez saber[27]. Schreber deixa bem clara esta condição ao contestar a afirmação kraepeliniana segundo a qual o delirante paranóico atribui tudo o que acontece à sua volta a sua própria pessoa. O juiz retruca que então não é ele quem sofre de paranóia, na medida em que não é ele quem atribui tudo a si mesmo, mas o Outro, isto é, Deus, quem atribui tudo a Schreber.

A holófrase no lugar da falta

Assim, o psicótico nos fala daquilo que alguém lhe falou. O que acima de tudo esse modo de relação ao Outro anuncia é o fracasso de

---

27 Lacan, J., Seminário III, *As psicoses.*

uma das operações constituintes do sujeito, a separação. Há alienação na psicose, na medida em que este sujeito recebeu do Outro certas marcas que o alienaram à ordem significante e que permitem a ele manter-se às vezes por muito tempo como falo materno[28]. Mas o sujeito, que deveria ter caído desta imagem ideal, não foi produzido, o que vai implicar justamente que nunca veremos para o psicótico operar adequadamente o par significante S_1-S_2, na medida em que não houve um S_2 que viria fazer cair S_1 no inconsciente a partir da queda do *objeto a*. S_2, significante do saber do Outro, foi submetido à *Unglauben* psicótica, a descrença que impede a instauração do significante da castração. O S_1 recebido alienou o sujeito ao campo do Outro, produzindo assim perda subjetiva. Quando surge S_2, entretanto, este, ao invés de separar S_1 do gozo, instaurando o recalcamento originário, somente aglutinou-se ao primeiro significante, gerando aquilo que Lacan nomeará holófrase, conceito que iremos trabalhar mais à frente. Conseqüentemente, tornou-se inviável para o sujeito interrogar-se acerca do intervalo que deveria existir no interior do par originário S_1-S_2[29].

O resultado disso é a inexistência da operação de separação na psicose, implicando a ausência de uma questão nesta estrutura, enquanto é sabido que as estruturas neuróticas, histérica e obsessiva, se caracterizam por apresentar sempre uma questão inconsciente que se encontra na base da neurose[30]. A separação, como conceitua Lacan, exigiria que a criança, percebendo a fragilidade existente nas entrelinhas do discurso do Outro, se interrogasse sobre essa falta apreendida, isto é, sobre o desejo do Outro, e então esboçasse uma resposta através da sobreposição de sua falta à falta do Outro, o célebre "Podes me perder?", o que lhe permitiria dar início à tarefa interminável de significantizar o gozo[31]. A holófrase inicial, produzida por um Outro que não permitiu a emergência da falta em seu discurso, deixa o psicótico sem saída para além da alienação.

---

[28] Lacan, J., Seminário XI, *Os quatro conceitos fundamentais da psicanálise.*

[29] Ibidem.

[30] Lacan, J., Seminário III, *As psicoses.*

[31] Lacan, J., Seminário XI, *Os quatro conceitos fundamentais da psicanálise.*

Essa dinâmica, que em muitos casos se afigura trágica, é bem explicitada pela clínica através da síndrome de Cotard, ou delírio das negações, isto é, aqueles casos de psicose melancólica em que a exacerbação dos sintomas leva o sujeito a uma situação na qual, em meio ao negativismo mais radical, passa a recusar-se a comer, uma vez que não tem mais boca, não vai ao banheiro, uma vez que, sem orifício anal nem orifício uretral, como seria possível defecar e urinar? Tais sujeitos se queixam de serem imortais e pedem a morte, pois esta seria a única saída suposta para o seu sofrimento. Em alguns momentos, dentro desta crise, passam a afirmar-se como idênticos ao próprio cosmos, como sendo a maior das totalidades, o próprio Universo, sendo ao mesmo tempo cada partícula existente.

Esta oscilação, que muitas vezes desemboca em uma tentativa de suicídio, jogando-se pela janela por exemplo, expõe esta condição que acomete o sujeito psicótico, na medida em que, por ausência da operação de separação, ocorre a inexistência da falta no campo do Outro. Este psicótico oscila, portanto, em um todo pleno imaginário, onde não há orifícios, apenas uma esfera perfeita, mas por isso mesmo aprisionante, e a total pulverização, quando se identifica a todas as partículas do cosmos, a totalidade dos *objetos a*, se isto fosse possível. Esta alternância demonstra a impossibilidade, para este sujeito, de produzir a falta, permanecendo o mesmo condenado ao Um unificante ou ao zero absoluto, a totalidade das partículas infinitesimais em estado de dispersão.

Se estivemos, inicialmente, estudando a estrutura a fim de apreender o que marca a especificidade das psicoses, e em seguida avaliamos as conseqüências diretas que tais falhas estruturais produzem nestes sujeitos, vamos agora passar a uma outra etapa de nossa elaboração, a saber, a reação do psicótico ao encontro trágico com o buraco no simbólico, pois, se mostramos que há aqueles sujeitos que permanecem indeterminadamente em estado de perplexidade, isso está longe de ser a tônica geral nesta estrutura. Pelo contrário, o que a clínica mostra, de forma conclusiva, é que o psicótico está sempre em luta a fim de assegurar a permanência de sua humanidade, isto é, na tentativa de encontrar algum tipo de saída para o impasse gerado a partir do desencadeamento do surto. Este esforço curativo, entretanto, vai muito além do período de crise, abrangendo, em linhas gerais, toda a vida do sujeito, em termos de intensidade e também de temporalidade. Trata-se daquilo que Lacan irá nomear como a busca de suplência à ausência do Nome-do-Pai, no sentido de alcançar a estabilização subjetiva após a eclosão da patologia.

Vimos abordando, neste capítulo, principalmente a vertente lingüística da psicose, isto é, sua relação com a lógica do significante, e agora iremos nos voltar para sua outra dimensão, a econômica, ou, dizendo de outra forma, sua face de gozo. Obviamente, esta separação é bastante relativa, posto que não há gozo sem significante, mas, para nossos objetivos de investigação, a separação da experiência psicótica nestas duas dimensões é válida.

O desencadeamento do gozo do Outro e a circunscrição delirante

Em primeiro lugar, cabe destacar que o desencadeamento da psicose corresponde, do ponto de vista econômico, a um transbordamento, no campo do vivido do psicótico, de um gozo que, antes de tudo, diz respeito ao sujeito, isto é, um gozo que, vindo de fora, literalmente o invade. Trata-se de um retorno pulsional, conseqüência do fracasso dos processos defensivos até então utilizados. Freud, ao afirmar que os psicóticos amam seus delírios como a si mesmos, chama a atenção precisamente para a dimensão autocurativa dos delírios, sobretudo os sistematizados, e isto na medida em que estes têm como função precípua regular o gozo que retornou de forma avassaladora em direção ao sujeito, posto que este sujeito não dispõe, por falta do significante do Nome-do-Pai, de nenhum traço que venha circunscrever este gozo pulsional. Esta circunscrição, portanto, será a tarefa do delírio, enquanto articulação significante.

Uma vez estabelecido que o gozo se torna problemático na justa medida da insuficiência de articulação significante que é marca desta estrutura, a direção da atividade delirante, enquanto tentativa de resolver o conflito, será de promover, da maneira que for possível, a rearticulação do sistema lingüístico. Neste percurso, o psicótico, se conseguir, ao menos parcialmente, percorrê-lo, fará, necessariamente, um apelo ao Pai, a fim de reencontrar uma referência, um princípio para uma existência que se encontra, literalmente, à deriva. A inexistência do Nome-do-Pai implica, na suplência delirante, acessar um pai possível. Frente a este pai, que se apresenta no Real e não simbolizado como é o caso para o neurótico, o sujeito irá fazer a tentativa de construção de uma metáfora delirante, conceito que Lacan apresenta no seminário III. Esta metáfora delirante virá no lugar da metáfora paterna inexistente, e dizemos metáfora justamente porque o psicótico tentará inscrever este significante paterno no lugar do significante do gozo do Outro que o submete.

Evidentemente, este momento inicial será vivido pelo sujeito em plena angústia e, na maior parte do tempo, em meio à perplexidade, a qual já começa a dar no entanto lugar à intuição delirante, quando o sujeito passa a estar seguro de que algo de novo está para acontecer, mas ele não sabe ainda do que se trata, apenas que irá indubitavelmente ocorrer. Sabemos, por outro lado, que uma vez a estrutura definida, com sucesso ou fracasso da experiência edípica, não há mais meios de reestruturá-la; conseqüentemente, por melhor que seja a metáfora delirante construída pelo psicótico, esta não terá a eficácia da metáfora paterna, na medida em que a mesma implica a queda do *objeto a*, objeto condensador do gozo, fora da cadeia significante, bem como sua inscrição na ordem simbólica através do significante fálico. Esta operação da metáfora paterna incide diretamente sobre a regulação pulsional, ao fazer com que o significante da castração seja traçado no campo do Outro, o que permite o recalcamento originário e, conseqüentemente, o esvaziamento do gozo do campo do Outro. Esse gozo, a partir de então, surgirá através das formações do inconsciente, sob forma cifrada.

Na medida em que, para o psicótico, não houve castração, o objeto pulsional permaneceu associado ao corpo do sujeito, sendo forcluído e retornando, desde fora, no momento da eclosão do surto. Ora, este gozo que retorna dificultará por extremo a constituição da metáfora delirante. Assim, quando surge para o sujeito o Pai ao qual se fez apelo, esse Pai aparecerá também como uma figura obscena de gozo. É o que se pode facilmente observar na paranóia, em que o sujeito se vê perseguido por um pai gozador, um pai que quer gozar do sujeito. Conseqüentemente, o pacto a ser estabelecido com este pai terá sempre um preço incomensurável em comparação com o que paga o neurótico através de sua dívida simbólica articulada à castração. O psicótico terá de pagar a um pai exorbitante e, devido à desmetaforização, na maior parte das vezes pagará em moeda Real, isto é, com seu corpo. Schreber, por exemplo, sabe que, para alcançar a solução do conflito com Deus, terá que aceitar a emasculação, isto é, a transformação de seu pênis em uma vagina. As automutilações, freqüentes na psicose, apontam para esta dívida real que o psicótico é convocado a pagar, o objeto que deve ceder a fim de completar o Outro.

Todo este preço, portanto, está ligado à condição da obtenção da filiação delirante, que é o que o sujeito busca junto ao Pai, ou seja, busca um lugar vazio no Outro, onde possa se alojar como sujeito, posto que, sem a casa vazia, como vimos, não há jogo possível[32]. Esta casa vazia é o bônus da filiação, isto é, a transmissão do nome, do traço singularizante pelo pai. Schreber ilustra esta questão ao comentar, a certa altura de seu livro, antes de haver sistematizado seu delírio, o quanto era insuportável sua situação, na medida em que as vozes não compreendiam que um homem que existe precisa ter um lugar para estar, e isso em uma conjuntura em que estas vozes não lhe permitiam permanecer em nenhum sítio, assediando-o a cada vez que o mesmo encontrava um ponto ou posição satisfatória, seja deitado na cama, em pé diante da janela, andando pelo quarto, etc. Com isso, ele mostra o quanto o psicótico é, de forma radical, um sem-nome.

O tratamento do gozo obtido junto ao pai no delírio implicará, por outro lado, a sexuação, isto é, a identificação do sujeito a uma posição sexuada. Como se sabe, a sexualidade é uma das modalidades de gozo, a outra sendo a paixão da morte. Assim, a moderação do gozo passa, necessariamente, por sua elaboração através da sexualidade, o que se mostra pela via do recalcamento originário, por meio do qual o gozo é falicizado, isto é, sexualizado, ao mesmo tempo que significantizado[33]. É neste sentido que, na psicose, o pai, ao fornecer ao sujeito uma letra de

---

[32] Deleuze, G., "Em que se pode reconhecer o estruturalismo", in *História da filosofia*, org. F. Chatelet, vol. 8.

[33] André, S., *O que quer uma mulher?*.

gozo, o situará na sexuação. Há psicóticos que, por outro lado, tratam o gozo deixando radicalmente de lado a questão de sua identificação sexuada, mas esta é uma questão a ser trabalhada posteriormente. Havendo metáfora delirante, haverá filiação e sexuação. É neste ponto que Freud identificou na paranóia a existência de uma pulsão homossexual não integrada. Lacan irá concluir, no seminário III, que o que está em questão, no caso Schreber, diz respeito, antes de tudo, à forclusão (*Verwerfung*) do significante da procriação, ou seja, este psicótico não sabia nada acerca da feminilidade.

Ocorre que, se a metáfora paterna no Édipo pode autorizar o sujeito a se identificar com a posição masculina, esta possibilidade está articulada à castração simbólica que, ao dotar todo objeto de uma marca fálica, inclusive no sentido da marca da falta fálica, permite, por significantizar a falta, produzindo-a como furo bordejado pela letra, que os objetos circulem e que o sujeito, então, se coloque na posição de ter o falo, que é justamente a posição masculina. Como vimos, essa possibilidade do ter é altamente problemática para o psicótico, uma vez que, para este, o Outro deve sempre ser completo. Assim, é grande a dificuldade de o psicótico vir a ocupar uma posição masculina na partilha dos sexos. Essa dificuldade, certamente não insuperável, Lacan a nomeou como empuxo-à-mulher, isto é, a tendência apassivante que acomete o sujeito na psicose e que o impele a abrir mão de todo o registro do ter, a fim de ser o falo que falta ao Outro, o que pode e costuma se resolver através do ser a mulher que falta aos homens, na medida em que a posição feminina se apresenta como semblante do falo na ordem do ser e não do ter.

Essa constante estrutural vai se manifestar clinicamente por meio da enorme incidência do transexualismo entre psicóticos ou, no mínimo, por claras dificuldades na ordem da identidade sexual desses sujeitos. Diante de um Deus tão poderoso e com uma exigência de gozo tão radical como este se mostra a Schreber, seria mesmo muito difícil encontrar uma outra solução que não fosse a de se tornar a mulher d'Ele, o que garantiria, ao mesmo tempo, uma filiação divina, na procriação de uma nova humanidade schreberiana, bem como uma nova identidade sexuada. O próprio paciente explica essa decisão, afirmando que mais vale ser uma mulher de espírito e capaz de volúpia do que um homem atormentado e desmilingüido. É certo que tamanha transformação exigirá aquilo que Schreber anuncia como o "assassinato de alma" e que Lacan conceitua como morte do sujeito, isto é, uma modificação radical em sua vida, que fará aquele renascer sob uma nova identidade. Esta morte do sujeito é um traço estrutural de toda psicose que alcançou um certo grau de profundidade. A metáfora delirante, concluímos, implica, portanto, uma paranoização da psicose, na medida em que a paranóia é definida por Lacan como identificação do gozo no lugar do Outro.

As qualidades dos delírios

Criar esse significante que faz traço do gozo no campo do Outro é o que permite dizer que o paranóico é um sujeito, na medida em que o sujeito é aquilo que um significante representa para outro significante. Quando um psicótico procura uma análise, excluindo-se os casos de esquizofrenia mais severa, temos em geral duas possíveis situações: ou o sujeito, acometido pela invasão do gozo do Outro, está em busca da construção de uma metáfora delirante e vai em geral se apresentar com um delírio em maior ou menor grau de desagregação; ou, então, no segundo caso, temos um sujeito que, tendo já constituído uma metáfora delirante, sofre entretanto pelo fracasso parcial desta, ou seja, por aquilo que comparece como a extrema severidade de um pai que, devendo ser pacificador, surge entretanto em meio a uma cobrança obscena pela filiação delirante. Durante a maior parte de seu delírio, Schreber sofreu justamente pela virulência do preço cobrado a fim de fazer o pacto com o pai divino, e essa metáfora já representava, sem dúvida nenhuma, um ganho diante do gozo mortífero que se lhe apresentava no início da psicose, quando seu destino parecia decidido no sentido de tornar-se uma carcaça, um objeto "deixado largado". Neste segundo caso, o psicótico procura o analista a fim de alcançar uma moderação do gozo exigido pela filiação e assim estabilizar sua psicose. Jean Claude Maleval, em seu livro sobre a lógica do delírio[34], propõe, a partir de uma releitura psicanalítica de conceituações oriundas da psiquiatria clássica, uma interessante classificação dos delírios em quatro etapas, segundo o seu grau de evolução ou sistematização. Segundo sua reflexão, seriam as seguintes as etapas:

P0 – Perplexidade angustiada, momento caracteristicamente esquizofrênico de um gozo deslocalizado;

P1 – significantização do gozo, momento em que surgiria um delírio paranóide, algo desagregado;

P2 – identificação do gozo no Outro, o que marcaria a sistematização do delírio, em um momento de paranóia; e por fim

P3 – consentimento ao gozo do Outro, quando o delírio ultrapassaria a paranóia com a resolução do conflito, em um momento parafrênico, como o de Schreber.

Esta reflexão, sem dúvida, vai na direção da constituição de uma metáfora delirante cada vez mais bem acabada, capaz de articular de forma mais abrangente, pela via significante, o gozo do Outro, alcançando por fim uma estabilização duradoura da psicose.

A interpretação delirante

Dentro do processo de elaboração que é o nosso e que pode ser classificado como um pensamento da diferença, retomaremos agora essa questão da reação do psicótico diante do confronto com o desamarrar do sistema simbólico, para tratá-la por meio da lógica do significante. Partiremos da constatação de que, na ausência da operação de separação, não há intervalo no discurso do Outro, ou seja, o par significante originário *S1-S2* permanece congelado, solidificado naquilo que Lacan irá nomear como holófrase[35]. A holófrase na lingüística caracteriza aquelas frases de uma palavra só ou quando suas várias palavras são pronunciadas todas juntas como se fossem um termo único aglutinado. Esse processo, que ocorre com a cadeia significante na psicose, impede o surgimento do su-

---

[34] Maleval, J. C., *La logica del delírio.*

[35] Lacan, J., Seminário XI, *Os quatro conceitos fundamentais da psicanálise.*

jeito do inconsciente, na medida em que este é engendrado a partir do intervalo da cadeia, isto é, o sujeito surge entre dois significantes. A holófrase nos apresenta o Um unificante da psicose, bem distinto do Um contável do traço unário da neurose. Este Um unificante do discurso do Outro é o que faz com que o psicótico se apresente como uma espécie de robô do Outro, naquela conduta de obediência automática que caracteriza estes sujeitos antes da construção da metáfora delirante.

A holófrase, também, devido à abolição do significante por ela implicada, carrega em si um gozo que costuma transformar a língua em um som traumatizante para o psicótico, algo da ordem de um ruído sem sentido que penetra o corpo do sujeito de forma dolorosa, produzindo queixas hipocondríacas. Schreber assim se refere a esse efeito, em suas memórias:

> Sinto cada palavra dita a mim ou nas proximidades, cada passo humano que ouço, cada apito do trem de ferro, cada disparo de morteiros que é dado provavelmente por barcos a vapor em viagens de recreação, etc, ao mesmo tempo como uma pancada dada na minha cabeça, que provoca nela uma sensação mais ou menos dolorosa, mais dolorosa se Deus se retirou para uma distância maior, menos dolorosa se ele permanece mais próximo[36].

Wolfson, um psicótico que escreveu o livro *O esquizofrênico e as línguas* (Wolfson, 1972), conta que o pior sofrimento a que podia ser submetido consistia em ser pego despreparado, isto é, desprotegido, por sua mãe, quando esta lhe dirigia alguma sentença na língua materna de ambos, o inglês. Quando isso acontecia ocorria-lhe sofrer pelo menos por uma meia hora, com aqueles sons ecoando dentro de seu crânio, o que provocava nele uma dor intensa e da qual só se livrava quando conseguia neutralizar toda a sentença através de seus métodos específicos de defesa[37]. Podemos apreender também questões relativas à holófrase e suas

---

[36] Schreber, D. P., *Memórias de um doente dos nervos.*

[37] Wolfson L., *Le Eschysophréne et les langues.*

conseqüências através do processo de criação de interpretações delirantes. Jean Allouch, em um livro excelente sobre a função da letra na psicanálise, intitulado *Letra a letra* (Allouch, 1993)[38], relata interpretações de um psicótico: na enfermaria onde estava internado, este paciente viu certo dia um enfermeiro vestindo uma camisa com uma gola de celulóide. Concluiu, a partir daí, que o jogo de damas que usava tinha vindo da Alemanha, enviado por Lulu, filha de seu patrão. Isso porque "celluloide" quereria dizer "c'est Loulou Lloyd", sendo Lloyd a companhia de navegação que transportara o jogo de damas.

Em outro texto, encontramos um exemplo do célebre escritor delirante Brisset, que havia assumido a missão de encontrar a língua primeira, a língua fundamental dos deuses. A essa língua divina era preciso chegar através de estudos etimológicos, e era a tal tarefa a que este psicótico se dedicava por inteiro, criando sua própria etimologia mirabolante. Assim, interrogado acerca da etimologia de "Israelite", conclui rapidamente tratar-se, na língua dos deuses, do povo eleito, uma vez que, na língua das origens, o termo correspondente seria "Il sera elite" (ele será eleito). Sobre a etimologia de "Cetace" (Cetáceo), conclui tratar-se, na antiga língua, dos maiores animais já criados por Deus, posto que viria de "C'est assez!" (É o bastante)[39].

Nesses exemplos apreendemos a formação de interpretações delirantes. Através destes procedimentos lingüísticos, o sujeito dá sentido ao que ouve e, principalmente, desfaz, desmonta termos que para ele se encontravam holofraseados, o que lhe provocava estranhamento e perplexidade. Celulóide, nota Allouch, era um significante novo na língua no começo do século, e é provável que por esse motivo se apresentasse para o psicótico com uma nota de estranheza e persecutoriedade.

É interessante notar que se a noção de que a interpretação delirante é um sintoma primário, um fenômeno elementar da psicose e que nos apresenta o paranóico como um sujeito que dá sentido a tudo, para quem nada é por acaso, não deixa de ser um efeito semântico secundário de um

---

38 Allouch, J., *Letra a letra.*

39 Maleval, J. C., *La logica del delírio.*

jogo da letra que nem sempre se torna explícito. A desmontagem da holófrase consiste portanto em um procedimento defensivo para o psicótico, através do qual este busca lutar contra um Outro cujo discurso se afigura radicalmente compacto, sem brechas e, por isso mesmo, altamente aniquilante para o sujeito. Trata-se de reinstaurar neste discurso em bloco o intervalo significante, a falta na qual o psicótico irá instalar sua morada em um ponto do Outro e que vai protegê-lo da ameaça de ter que cair como objeto, se lançar para fora da cena a fim de cavar um furo neste Outro completo, o que não é infreqüente ocorrer nas psicoses melancólicas, com seus suicídios em que o sujeito se lança da janela. Uma vez a dimensão significante restaurada, o psicótico pode então ler nas entrelinhas do texto do Outro. Podemos acompanhar este movimento liberador também no procedimento de criação de neologismos, que irão funcionar como significantes assemânticos que descompletam o discurso do Outro. Recamier, o psiquiatra que escreve *Transtornos da semântica*, no começo do século, diz:

> Os neologismos têm com o tempo uma fixidez de forma e de significação tanto maior quanto o delírio está melhor sistematizado e não se modifica senão por aperfeiçoamentos ou degradações. O que eles designam é o objeto central do delírio. Palavra polivalente, resume, condensa, expressa uma ou muitas experiências delirantes; melhor que expressá-las as representa[40].

Estes neologismos de muitas faces, termos contraditórios, são marcas sem sentido que anunciam um trabalho da psicose no intuito de escapar ao todo-sentido dos enunciados do Outro. Schreber, por sua vez, frisa que o único meio seguro de se livrar do inferno causado pelos pássaros falantes, que ficavam repetindo na mente do psicótico horas a fio as mesmas frases vazias aprendidas de cor, era a arma da assonância, da homofonia. Uma vez que os pássaros não faziam diferença entre sons homofônicos, era possível distrair a atenção deles repetindo esses sons

---

[40] Recamier, F., *Transtornos da semântica.*

quando eles se encontravam em plena tagarelice destas frases vazias, decoradas. Isto os deixava surpresos e os obrigava, por um tempo, a reencontrar um sentimento autêntico. Portanto, através do jogo homofônico, o psicótico se livra da lição aprendida de cor junto ao Outro e pode assim fazer a sua leitura pessoal, encontrando um novo sentido no texto que lhe é imposto, o que lhe possibilita, por alguns momentos, reencontrar um sentimento autêntico, para além da repetição do "como se" que aprisiona estes sujeitos lançados para fora do regime do significante devido à forclusão do Nome-do-Pai.

Capítulo V

Joyce-o-sinthoma
Topologia Borromeana das Psicoses

Vinte anos após o intenso trabalho de elaboração teórica concernente à confecção do seminário III *As psicoses*, que trata das estruturas lacanianas das psicoses, abordado no capítulo anterior, Lacan irá, em 1975-76, retomar mais uma vez o tema das psicoses a fim de fazer avançar a teoria psicanalítica. A esta altura, o centro da cena teórica é ocupado pelo registro do Real, depois de haver predominado, durante os anos 30-50, a reflexão sobre o Imaginário e, no período 50-70, a dimensão do Simbólico, responsáveis pela elaboração, respectivamente, do estádio do espelho e das leis estruturais que regem o funcionamento da cadeia significante. A ênfase posta então sobre o Real irá fazer derivar a pesquisa sobre o significante para a letra, a escritura; da cadeia para o estatuto do Um; do sentido para o sem-sentido.

O registro do Real, tal como Lacan o teoriza, se caracteriza pelo desligamento entre os termos, pela indiscernibilidade, a ausência de lei organizadora, pela forclusão do sentido. O Real é, ao mesmo tempo, o Heteros absoluto, bem como o Mesmo, isto é, aquilo que sempre retorna ao mesmo lugar, mas que, estando sempre fora do Simbólico, permanece como o impossível de se escrever, resto que escapa a toda tentativa de simbolização. Em Freud, como se sabe, o registro do Real é pensado através da noção de pulsão de morte, o que Lacan irá nomear como gozo, ou seja, a satisfação da pulsão.

Da cadeia significante às relações topológicas

A passagem da articulação significante – formalizada principalmente no seminário XVII *O avesso da psicanálise* (Lacan, 1968), através das quatro letras responsáveis pela organização dos discursos, a saber, S_1, S_2, a, $ – à topologia dos nós borromeanos vem proporcionar um esvaziamento de sentido ainda mais radical que a formalização anterior. É daí que Lacan irá dizer que os nós permitem a melhor aproximação do Real, a melhor mostração. Se o Real não pode ser dito, estando aquém de todo dizer, pode ser parcialmente mostrado, e é essa a ambição de Lacan neste período final de sua elaboração.

A topologia, também conhecida como geometria da borracha, é um ramo da matemática que estuda as leis estruturais do espaço, para isso se utilizando de figuras geométricas mergulhadas nas dimensões espaciais, inferindo leis de estrutura a partir das transformações sofridas por esses corpos, através de cortes, perfurações, reviramentos e deformações produzidas sobre os mesmos. O recurso ao topológico é iniciado por Lacan em tempos ainda precoces de seu ensino. No célebre "Discurso de Roma", de 1953, já articula, brevemente, a função do toro, enquanto objeto geométrico adequado para a reflexão psicanalítica, por seu furo central, no lugar da esfera fechada enquanto paradigma clássico do pensamento desde Platão.

A topologia comparece na *démarche* estruturalista a fim de operar enquanto fundamento matemático para o estudo das propriedades estruturais. É no seminário IX, *A identificação*, todavia, que Lacan irá definitivamente dar início à utilização regular da topologia para pensar a relação entre o exterior e o interior em psicanálise, necessária para a apreensão dos mecanismos envolvidos na operação identificatória, posto que esta implica a transformação interna a partir da influência de um elemento externo. Desenvolve-se, assim, ao longo dos seminários subseqüentes, a topologia das superfícies, Lacan concentrando-se na banda de Moebius, no toro, no *cross-cap* ou plano projetivo e na garrafa de Klein, operando sempre através de deformações e cortes de tais superfícies a fim de refletir sobre o desejo, a demanda, o sujeito do inconsciente, a identificação, a produção do *objeto a*, a transferência e a direção da cura, entre outros. Nos seminários subseqüentes ao IX, essa prática topológica das superfícies irá comparecer regularmente, até o seminário XIX *Ou Pire* (Lacan, 1972), quando a topologia das superfícies cede então lugar à topologia dos nós, a qual vem demarcar um novo ponto de vista teórico.

AROS DE BARBANTE

Essa topologia tem início para Lacan com a identificação, por este, do emblema da família Borromeu, o qual consiste precisamente em um entrelaçamento de três aros de barbante entre si, de forma que, se qualquer um dos aros for cortado, o nó se desfaz, soltando os outros dois. A concepção borromeana irá partir justamente deste princípio de que o nó borromeu começa com o três, isto é, com o enodamento de três aros, de forma que o corte de qualquer um deles necessariamente desfaz o laço; caso isso não ocorra, então não se tratava de um nó borromeu. Essa construção teórica tem por objetivo apreender as relações vigentes entre os três registros da experiência humana segundo Lacan, a saber, o Simbólico, o Imaginário e o Real. Nomeando cada aro pelo nome de um dos três registros, teremos o paradigma da constituição subjetiva, o nó borromeu de três aros, que será considerado um nó ideal, cuja existência não pode se dar justamente pelo fato de que não há relação sexual. O nó borromeano de três apresenta a subjetividade operando a partir do entrelaçamento estável dos três registros, o que corresponde aos atos humanos, que encerram sempre as três dimensões, simbólica, imaginária e real. Para tanto, é preciso que cada um dos laços esteja a princípio descolado dos outros, se os tomarmos dois a dois; somente tomando-os a partir dos três há o entrelaçamento.

Sabemos que a noção de estrutura, fundamental em todo o ensino lacaniano, tem por princípio que os três registros nascem a partir do Simbólico. É o Simbólico, enquanto cadeia significante, enquanto ordem estruturante, que, através de suas operações, engendra o Imaginário do estruturado, bem como o Real do que fica excluído da atividade significante. O pensamento da estrutura implica que a matriz da organização subjetiva encontra-se na dimensão simbólica. Desse ponto de vista, o Real corresponderia aos pontos de tropeço do Simbólico, bem como o Imaginário diria respeito aos momentos transitórios de condensação da incessante dinâmica diferencial dos elementos simbólicos; por isso mesmo, a ordem imaginária sempre compareceria enquanto apagamento, projeção, desconhecimento dos verdadeiros móveis das ações, que seriam simbólicos por excelência.

Os efeitos deste tipo de elaboração se mostravam, entre outros, pela crescente dificuldade de se pensar todo tipo de fenômeno associado ao fim de análise, na medida em que o privilégio dado ao registro do Simbólico produz a eternização dos jogos significantes, o mergulho e o giro incessante em torno daquilo que Freud nomeia na *Interpretação dos sonhos* o umbigo do sonho, ponto em que as associações se ramificam indefinidamente e em que não há portanto fim do processo interpretativo e associativo, mantendo-se com isso uma transferência inabalável, permanecendo a figura do analista enquanto um fiador do saber envolvido no infinito dos jogos simbólicos.

À medida que avança em seu ensino, Lacan passa a se preocupar de forma crescente com a definição lógica do final de análise e, em função de tal preocupação, começa a deslocar a ênfase da simbolização para os efeitos de real, estes enquanto único meio de introduzir um vazio nos deslizamentos indefinidos praticados pelo analisante no intuito de fazer persistir sua neurose. A interpretação, pensada como corte, será um instrumento do analista a fim de, pela introdução do equívoco significante, fazer valer o sem sentido que franqueia a emergência do sujeito do inconsciente, permitindo a nomeação do desejo. O Real vai deixando, portanto, de ser o efeito negativo de uma fraqueza do Simbólico para tornar-se uma dimensão decisiva para a articulação subjetiva. Por outro lado, o estudo das psicoses veio mostrar que as vicissitudes do Imaginário são responsáveis pela produção de uma série de desequilíbrios nos sujeitos afetados por tal estrutura.

É portanto em função das questões surgidas na interação dos três registros que Lacan irá sentir a necessidade de reformular sua base conceitual, sem abrir mão da noção de estrutura, mas modificando sensivelmente o estatuto da relação entre os registros em suas distintas funções no interior das práticas de um sujeito. Dessa forma, a topologia dos nós virá precisamente fornecer os novos parâmetros capazes de permitir a reflexão mais articulada acerca das três ordens, e a primeira destas conseqüências será eliminar a primazia do Simbólico, tornando equivalentes os registros. Conseqüentemente, a partir de qualquer vicissitude subjetiva que venha produzir o corte em qualquer um dos três aros, simbólico, imaginário, ou real, os outros também cairão.

Um nó borromeu de três, como conseqüência, necessariamente comporta as três propriedades referentes aos distintos registros, a saber, a consistência imaginária, o furo simbólico, e a ex-sistência real. A consistência imaginária diz respeito ao que faz com que a construção se mantenha junta e está ligada ao que Lacan nomeia a veneração da imagem do corpo próprio. O corpo orgânico tem o seu funcionamento autônomo, automático, mas a simbolização do mesmo implica a aquisição da imagem corporal pelo sujeito, a fim de que este "tenha" o corpo. Este domínio sobre a imagem narcísica corporal fornece a consistência subjetiva, a noção de que há um eu que permanece e que responde por aquele corpo. Casos de psicose em que falta a consistência imaginária não são raros e se apresentam sob a forma da esquizofrenia, em que o sujeito cai em uma indiferença radical, um esquecimento de si, apagamento que pode até certo ponto passar despercebido, desde que tal sujeito se oriente através de modelos identificatórios capazes de lhe fornecer uma imagem de si protética.

A consistência do nó borromeu se apresenta precisamente pelo fato de que o mesmo se sustenta junto, não cai. O furo simbólico diz respeito ao buraco da *Urverdrangt*, o recalque originário, aquilo que faz com que no Simbólico haja circulação, que se produza diferença. O furo vem demarcar que é o terceiro elemento, o elemento eminentemente simbólico, que, ao faltar em seu lugar, garante a função diferencial da cadeia, necessária para a produção do sujeito. No nó borromeu, o furo simbólico se presentifica no enlaçamento dos aros que deixa um buraco central, um furo verdadeiro, como Lacan nomeia. A ex-sistência do Real, por sua vez, é relativa ao impossível, a não-existência da relação sexual, ao fato de que a articulação dos três registros não proporciona ao sujeito um Outro do Outro, um amarramento absoluto da cadeia, a qual permanece sempre marcada por seus pontos de impossibilidade. É neste sentido que o enlaçamento dos aros só pode se dar na medida em que o mais-gozar cai entre o Outro e o sujeito, o enlaçamento permitindo tão somente responder a esta perda relativa à subjetivação do Outro, o que leva o sujeito de encontro à angústia diante da questão do desejo do Outro, bem como ao seu possível ultrapassamento, por meio da certeza de um ato. No nó borromeu, a ex-sistência real se manifesta através da impossibilidade de se cortar um aro sem que todo o enlaçamento se desfaça.

O SINTHOMA COMO QUARTO ARO

Inicialmente tendo pensado o enodamento borromeu a partir do nó de três aros, Lacan passa a abordar o lugar do sintoma nesta configuração, e é neste percurso que chega ao nó de quatro, que passará então a constituir o paradigma borromeano. Sendo a existência do sintoma universal, isto é, presente em todos os sujeitos, é preciso concluir que o enlaçamento a três é uma ficção e que, na verdade, é como quarto aro que o sintoma, enquanto substituto do Nome-do-Pai, vem assegurar a manutenção do nó. Se há sintoma para todo sujeito, isto implica que existem falhas no enodamento, que a amarração não está bem feita, na medida em que, como sabemos, o sintoma é uma costura, uma forma de suturar um ponto da articulação subjetiva que está falhando em simbolizar o real pulsional, daí justamente ser o sintoma uma forma de fazer o gozo passar ao inconsciente.

São as vicissitudes do recalque originário, do *Urverdrangt*, que impõem ao sujeito a construção de sintomas. O *Urverdrangt*, por sua vez, é efeito da operação do significante do Nome-do-Pai, do Pai do nome, cuja função é precisamente a de proporcionar ao sujeito uma nominação inconsciente. O Nome-do-Pai, portanto, passa a ser considerado por Lacan como o quarto elo borromeano, posto que Simbólico, Imaginário e Real só podem se manter juntos e distintos na medida em que a nominação opera. Lacan dirá, então, que no nó borromeu de três os registros se articulam, mas permanecem indistintos, faltando a nominação paterna como quarto aro a fim de que os mesmos se mantenham unidos e, ao mesmo tempo, distintos entre si. Sem a nominação só pode haver entre os aros um falso furo, isto é, um furo que se desfaz com uma deformação qualquer no entrelaçamento.

A nominação, portanto, torna um furo real, sustentando a nodulação. O quarto aro, enquanto Nome-do-Pai, Pai do nome, vem amarrar os três registros e assim dar sustentação a uma articulação subjetiva. Quando falha o Nome-do-Pai, e sabemos que este sempre falha em parte, surge o sintoma, como nos mostra o cavalo da fobia do pequeno Hans, o qual, diante de um pai por demais indulgente, representante menos da lei que de um amor incondicional, é obrigado – frente ao acosso da pulsão genital e ao caráter enigmático do desejo materno – a fazer apelo a um sintoma fóbico, em que o cavalo, que ameaça tanto mordê-lo quanto cair, vem fazer suplência ao Nome-do-Pai, representando o pai privador, o pai da castração imaginária, justo ali onde seu pai verdadeiro claudicou. Eis então o exemplo de um sintoma que vem fazer as vezes de quarto aro, de Nome-do-Pai, com isso permitindo ao menino dar prosseguimento ao processo de elaboração do gozo que ameaçava desfazer o entrelaçamento dos registros, lançando-o em forte angústia.

No caso de Hans, todavia, havia o quarto aro, mas este se encontrava frouxo pela insuficiência paterna. Tratava-se então de um momento de sua subjetivação em que se tornou necessário o apelo ao sintoma a fim de poder dar desdobramento à elaboração edípica. No sujeito neurótico, todavia, o sintoma, se se mostra em geral necessário a fim de manter estabilizado o entrelaçamento, não é bem-sucedido em proporcionar ao mesmo a nominação necessária ao exercício de uma subjetividade desejante, permanecendo o neurótico sempre às voltas com vicissitudes no furo do *Urverdrangt*, o qual nunca se estabelece de uma forma definitiva, exigindo do sujeito o recurso a outras nominações, às quais Freud, com muita perspicácia, nomeou inibição, sintoma e angústia, ao que Lacan acrescentou: nominação imaginária, nominação simbólica e nominação real, enquanto as três formas de nomear, a partir de diferentes registros, aquilo que não se realizou adequadamente a partir da função paterna.

O SINTOMA E SUA ÉPURA

Como trabalhamos no capítulo anterior, a função da análise é levar o sujeito até o furo do recalque originário, esse furo real e incontornável, que corresponde à satisfatória operação do Nome-do-Pai. Lacan dirá que tal processo só pode ocorrer na medida em que o sujeito possa bem-dizer o seu desejo, fazendo passar ao real o sintoma que o amordaça. Essa operação consiste em levar o sintoma até sua épura, seu contorno nítido e irredutível, levá-lo ao real, a fim de que o sujeito possa se identificar com tal sintoma, tornando-se este sua forma privilegiada de gozo, um gozo a serviço do sujeito e não ao qual este se assujeite segundo formações do inconsciente. Tal percurso subjetivo corresponde àquilo que Lacan nomeia a construção de um *sinthome*, o qual transliteraremos por sinthoma, a fim de diferenciá-lo do tradicional sintoma neurótico, este que leva um sujeito a buscar análise. Lacan busca este recurso no uso antigo do termo sintoma e o utiliza para justamente diferenciar as duas manifestações subjetivas.

O sintoma, como vimos, é uma formação do inconsciente, logo, articulação simbólica entre dois significantes, sendo que o significante sintomático representa o sujeito para o outro significante. O sintoma é uma metáfora e é efeito de um saber inconsciente que não pôde ser bem-dito, que permaneceu como enunciação amordaçada. Nesse sentido, o sintoma é uma manifestação dessubjetivante, que impede o sujeito de criar, na medida em que justamente silencia a questão que poderia ter sido colocada ao mesmo na medida em que este se defrontasse com a ausência de relação sexual, ausência que o sintoma vem apagar, assujeitando o psiquismo a um gozo que impede o exercício do desejo.

O sinthoma, segundo Lacan, é, ao contrário do sintoma, uma manifestação subjetivante, consistindo em uma modalidade de gozo com a qual aquele se identifica e através da qual algo da ordem da singularidade de um sujeito pode vir a se manifestar. Conseqüentemente, é preciso atravessar o sintoma, bem-dizê-lo, elevá-lo à dignidade real, que corresponde precisamente ao fim da análise, na medida em que somente um sujeito que extinguiu seu repertório de demandas inconscientes ao Outro pode se identificar a uma letra de gozo que não se dirige a fazer Um com o Outro, mas antes que, por meio de uma escritura singular, permite bordear o furo da *Urverdrangt*, este furo real que atinge tanto o Outro quanto o sujeito. Este bordeamento é necessariamente criativo, pois é resposta real de um sujeito só consigo mesmo, frente à questão que o acossa. O sinthoma, portanto, está ligado a um saber-fazer com seu sintoma, ligado a um artifício escritural que não passa por uma formação do inconsciente, na medida em que o saber inconsciente diz respeito às formações metafóricas e metonímicas, diz respeito ao símbolo, ao campo semântico. O processo analítico, portanto, tem como objetivo levar o sujeito a construir o seu sinthoma singular e com isso poder se passar sem o culto ao pai, marca da neurose.

Lacan vai dizer que o Nome-do-Pai, nós podemos deixá-lo a certa altura, desde que dele tenhamos sabido nos servir, o que quer dizer somente que são vários os Nomes-do-Pai e que a função paterna consiste nessa transmissão essencial que fornece ao sujeito a possibilidade de ir buscar outras nominações, enquanto o neurótico sofre justamente pela incapacidade de sair da órbita paterna. Com a teorização sobre o sinthoma, conseqüentemente, Lacan abriu uma nova possibilidade de se pensar a direção da cura nas psicoses, na medida em que, nesta estrutura, deparamos com o fracasso na transmissão do nome pelo pai, o que torna necessário, na análise com psicóticos, ajudar tais sujeitos a articular outros Nomes-do-Pai, a produzir alguma suplência à demissão paterna. Dentro de uma perspectiva borromeana, a suplência ao Nome-do-Pai consiste em utilizar o recurso de um quarto aro, que venha amarrar os outros três aros, cujas falhas de enodamento levariam, de outra forma, ao desenlace correspondente ao surto psicótico, momento em que os três registros se soltam, deixando o sujeito sem a possibilidade de articular sua experiência, o que se manifesta pela via da perplexidade angustiada.

Uma clínica das suplências a partir da experiência joyceana

A busca por uma clínica da suplência nas psicoses ocupou Lacan ao longo de todo o seminário XXIII *Le Sinthome* (Lacan,1976), e a forma privilegiada por ele encontrada para articular suas reflexões consistiu na interrogação acerca da função que a obra de James Joyce teria tido na manutenção de seu equilíbrio psíquico. A suspeita que moveu Lacan a tal interrogação diz respeito à hipótese por ele levantada de que Joyce teria uma estrutura psicótica, sem nunca ter havido um desencadeamento, hipótese compatível com a clínica, na medida em que escutamos sujeitos que apresentam seu primeiro surto com idade bastante avançada, indicando que uma estrutura psicótica manteve-se compensada durante quase toda a vida do mesmo. É portanto nos indagando sobre o sujeito Joyce e sua obra que iremos apreender o alcance da reflexão lacaniana acerca do sinthoma e da suplência ao Nome-do-Pai.

James Joyce nasceu em 1882, em Dublin, na Irlanda, onde viveu até os vinte anos, quando decidiu-se por um exílio voluntário, o qual foi mantido até o fim de sua vida, havendo mesmo a convicção, para o escritor, da existência de uma espécie de impedimento em voltar a sua cidade natal, sob pena de sofrer terríveis conseqüências. A infância e a adolescência de Joyce em Dublin foram marcadas ao mesmo tempo pela precoce manifestação de uma forte vocação para as letras, bem como pelo caos familiar. Se de um lado havia bastante calor afetivo dentro da família Joyce, sobretudo a partir de sua mãe, e se também pairava às vezes uma atmosfera de alegria devido ao humor festivo principalmente vindo de seu pai, John Joyce, que era excelente cantor e piadista, por outro lado a irresponsabilidade total deste era um traço marcante da vida familiar, o que acarretava a contínua penúria financeira, bem como as recorrentes mudanças de moradia, por motivo de despejo. Vindo de uma família de posses, John Joyce foi decaindo social e economicamente de forma sistemática, embora mantivesse até o fim da vida um *pathos* de nobreza, amplamente incongruente com a realidade de seus fracassos profissionais e familiares.

À medida que decaía, e isso já se iniciou desde a infância de James, John Joyce ia afundando cada vez mais pesadamente no álcool e ficava por conta de May, a mãe de James, a tarefa de suportar todas as agruras e sustentar o difícil laço familiar dos Joyce. Bem cedo, movido pela intenção de abrir mão da tarefa educativa do filho, John deixou a educação de James por conta dos jesuítas da escola de Conglowes, contingência que marcou fortemente a subjetividade deste, levando-o, ao longo de toda sua vida, a declarar guerra franca à Igreja Católica, o que fica muito bem explicitado em seu *Retrato de um artista quando jovem*, romance autobiográfico no qual relata, nos primeiros capítulos, o peso que a opressão religiosa exerceu sobre sua capacidade de pensar por si próprio. Joyce dizia, já adulto, que a Irlanda era uma "porca que come seus próprios filhotes" e que os irlandeses vivem sob o jugo de dois senhores: o Império Britânico e a Santa Igreja Católica Apostólica Romana. É importante destacar que os irlandeses têm como língua oficial o inglês, que é a língua do opressor, vinda em lugar do gaélico, que era a língua natural da Irlanda antes do domínio inglês.

O NADA E A CRIAÇÃO

Essas características do ambiente em que Joyce cresceu produziram, entre outros, três traços decisivos de sua subjetividade, a saber, a mentalidade radicalmente antitotalitarista, a atitude extremamente crítica em relação aos seus conterrâneos, o que fez com que todos os seus livros tivessem que ser publicados fora da Irlanda, apesar de suas tentativas para obter reconhecimento em seu solo natal. No *Retrato*, o texto termina justamente com a aposta de que a tarefa do escritor por ele assumida seria a de "forjar a consciência incriada de sua raça", objetivo que, de fato, ele nunca alcançou. Essa relação complexa com os irlandeses, todavia, tem sua razão de ser e está ligada a sua relação com as convenções, questão que abordaremos mais à frente. A terceira conseqüência foi que Joyce manteve sempre, ao longo de sua vida, uma forte relação de confiança e dependência em relação às figuras maternas, ao mesmo tempo que descria e se rebelava intensamente frente às convenções paternas.

No início de sua carreira de escritor, quando ainda não era conhecido, seus pedidos de encorajamento e apoio eram sempre dirigidos à mãe, nunca ao pai, pelo óbvio motivo de que este era absolutamente não-confiável. Posteriormente, foi sua mulher, Nora, quem veio ocupar este lugar materno – embora seja certo que a relação entre eles não se reduzia a essa dimensão – e Joyce se mostrava muito dependente dela, confessando, em cartas, seu anseio: "Ó se eu pudesse me aninhar em seu ventre como uma criança nascida de sua carne e sangue, ser nutrido pelo seu sangue, dormir no cálido secreto brilho do seu corpo!"[1].

Apesar destas características, Joyce, dos filhos, era o único que mantinha relações cordiais e até afetuosas com o pai, que era abertamente desprezado pelos demais filhos. Joyce mantinha esta atitude ao mesmo tempo que tinha ampla consciência da falência paterna, o que o levou a

---

1 Ellmann, R., *James Joyce*, p. 159.

assumir a postura de, na vida privada, manter o laço de dependência com a figura materna, enquanto que, na vida pública, deixava muito claro que se apoiava tão somente em si mesmo, o traço da autoconfiança sendo marcante nele, evidentemente justificado em parte por suas conquistas estudantis. Seus colaboradores serviam tão somente como companhias ou como divulgadores de seu trabalho, ou ainda para proporcionar-lhe suporte material. Mesmo muito novo, agradecendo a um comentário de Ibsen a respeito de um artigo seu publicado no jornal, Joyce deixava claro que logo a luz estaria se apagando para o primeiro e que então chegaria a sua hora, como jovem artista, de falar em nome próprio. Dirigindo-se a Nora, dizia: "Pareceu-me que eu travava uma batalha com todas as forças religiosas e sociais da Irlanda por você, e que não tinha nada em que me apoiar senão eu mesmo"[2].

O antitotalitarismo joyceano vinha acompanhado de um sentimento antiviolência e uma forte tendência ao litígio. Encarnando os ideais do artista, Joyce, em todos os seus livros, apresenta o conflito entre o artista sensível e os rudes extrovertidos, cujos protótipos foram as figuras reais de Cosgrave e Gogarty, dois colegas irlandeses da adolescência de Joyce, que nutriam em relação ao escritor forte rivalidade. Diante destes representantes da violência, sobretudo física, Joyce usava a letra como arma para defender-se. Durante toda sua vida, ao menor sinal de alguma suposta arbitrariedade, recorria à justiça, aos jornais e a seus escritos para o ato de denúncia. Essa atitude constante em sua vida tem seu paradigma no episódio do primeiro capítulo do *Retrato*, em que Stephen Dedalus, ainda criança, sofre uma punição injusta por parte de um padre da escola, dois golpes com a palmatória, e recorre ao reitor para queixar-se.

Em um nível um pouco mais elaborado, essa atitude básica se associa ao ponto de vista que lhe era peculiar e que dizia respeito ao que Beckett nomeou como o "olhar telescópico" de Joyce, isto é, sua tendência a tudo considerar em perspectiva, em um contexto mais extenso. Indagado acerca da perseguição nazista aos judeus, Joyce foi de opinião de que essa não fora a primeira nem a última vez que episódios deste tipo aconteciam e

---

2 Ibidem, p. 172.

citou momentos semelhantes do passado para justificar seu ponto de vista. Essa idéia estava ligada à concepção recorrente da história, de Vico, segundo o qual o tempo se repete a partir sempre de quatro fases. Ligado à violência de um acontecimento, ele reagia posicionando-se de diversas perspectivas diferentes diante do fato, como se a evitar o confronto direto.

Aliás, esta questão toca em um aspecto fundamental de sua escritura, a sucessão de perspectivas, característica do *Retrato*, em que os mesmos personagens aparecem em situações que reinterpretam suas posições; no *Ulisses*, em que Joyce procurou contar um dia na vida de um sujeito, Leopold Bloom, a partir de dezoito pontos de vista diferentes, em uma supersistematização que ele mesmo chegou a considerar exagerada; em *Finnegans Wake*, enquanto discurso onírico, as diversas camadas significativas aparecem condensadas em seus trocadilhos multilíngües e ele sempre protestou contra a idéia de que seriam meros neologismos sem sentido, afirmando ser capaz de justificar cada frase do livro. Todas estas constatações vêm reforçar a idéia de que era uma atividade tomada como essencial para Joyce a de rodear um mau encontro, driblá-lo, como era sua a enorme habilidade de deslizar entre as mãos dos credores ao longo de quase toda sua vida, sem que estes conseguissem pegá-lo.

A ironia essencial

Dentro da característica muito crítica de sua escritura, Joyce apresentava aquilo que ele mesmo denominava sua "cínica franqueza". Carregava aliás, em sua vida, uma culpa ligada à recusa em ceder diante do pedido, no leito de morte, de sua mãe, a fim de que fizesse as pazes com a religiosidade cristã, solicitação a qual Joyce deixou sem ter sido atendida, mesmo diante da morte da mãe. Nessa "cínica franqueza" está encerrada grande parte de sua escritura, pois Joyce não era apenas adepto do naturalismo, corrente muito forte na época, mas ia além e seus livros têm por característica justapor os opostos, os contraditórios, o puro e o infame, o sublime e o obsceno, dando aos seus personagens uma característica bem contraditória e, por isso mesmo, muito humana. Não era de seu feitio o cultivo de grandes heróis, figuras de extrema nobreza de caráter. Ao contrário, Leopold Bloom, protagonista de *Ulisses*, era, segundo o próprio

Joyce, um judeu corno, um pequeno funcionário de jornal, classe média baixa; fraco, porém cheio de sabedoria e sensibilidade. Não se tratava da idealização marxista do proletariado; Joyce aliás era bastante mau avaliado pelos críticos marxistas. Era, na verdade, um estilo de escritura que não respeitava os ideais nem as separações entre opostos. Em Joyce, os contrários coabitam, o extraordinário e o ordinário se interpenetram, sem facilidades para o leitor.

O mesmo ceticismo que era dirigido às convenções era aplicado aos idealismos. Assim, se lhe agradava o perspectivismo nietzscheano, por outro lado não sentia a menor afinidade com a idéia do super-homem, a qual não podia ser senão alvo de seu escárnio. *Dublinenses*, seu primeiro livro em prosa, exercitava, ao longo de seus contos, esta franqueza difícil. Joyce expõe, ao longo de cada conto, a decadência irlandesa, sua nação que, segundo sua opinião, era estagnada, inerte, vencida. As figuras masculinas do livro são essencialmente decadentes e corruptas: o padre vicioso, o funcionário frustrado e ressentido, o vazio de uma festa terminada, a influência de um morto a perturbar a relação de um casal, a queda de Parnell, herói irlandês derrotado por uma traição, etc. As mulheres são as figuras fortes nos contos. *Exilados*, a única peça teatral sua a ser publicada, discute as relações amorosas entre casais, e a marca decisiva do texto é o ceticismo ali expresso quanto à possibilidade de uma relação harmônica entre os sexos. Lacan chamou a atenção para esse aspecto em seu seminário, sustentando que o tema central desta peça seria a não-existência da relação sexual, posto que o protagonista da trama, Richard, conclui que a dúvida acerca da fidelidade da esposa será sempre ineliminável e que é precisamente esta dúvida o cimento básico das relações. A idéia de ser traído era uma obsessão na vida e na obra de Joyce. Ele sempre supunha que, de seus amigos mais próximos, viriam traições, e é assim que o tema do adultério povoa sua obra.

Essa descrença joyceana na harmonia, que abrangia tanto a vida privada quanto a pública, obviamente era muito compatível com uma das facetas do modernismo que marcava a época. Se de um lado havia aquela ideologia progressista que, com grande otimismo, esperava maravilhas da evolução tecnológica e econômica, de outro havia aqueles que, como Joyce, viam a modernidade como um processo de destruição ativa, com perda de referências, anonimato, ruptura dos velhos laços, desencantamento do mundo, etc. A ironia, a paródia, traços importantes de seus escritos, colocaram Joyce em plena sintonia com um momento da literatura e das artes em geral em que se dava muito espaço e consideração aos experimentalismos, posto que se buscava romper com as tradições do século XIX. Seu naturalismo entrava a serviço da mesma atividade destrutiva do edifício literário tradicional, e podemos dizer que, sem dúvida, foi este contexto que permitiu a absorção tão bem-sucedida de sua difícil obra na cena cultural do século XX.

Entretanto, se bem observado, apreende-se que o anticonvencionalismo joyceano atinge graus paroxísticos, o que não deixou de acabar se mostrando por ocasião da publicação de *Finnegans Wake*, seu último livro, o qual lhe trouxe desapontamentos na relação com os críticos e fez-lhe ver que a tolerância à inovação era limitada, mesmo entre aqueles admiradores de sua obra que até então louvavam intensamente seu experimentalismo. Um episódio, entretanto, vem mostrar a estranha e radical relação que Joyce estabelecia com os semblantes; episódio este muito bem trabalhado por Colete Soller em seu texto "Retrato do artista enquanto jovem depreciador"[3], que comenta a rejeição radical que a Roma papal provocou em Joyce durante os poucos meses em que este nela viveu com a família. Durante seu "exílio", Joyce conseguiu um emprego como funcionário de um banco em Roma e, diante de sua difícil situação financeira na época, partiu animado com a esposa e o filho para a cidade eterna, confiante de que lá alcançaria rapidamente riqueza e fama, segundo suas palavras. Lá chegando, em pouco tempo ficou claro que as perspectivas estavam longe de ser tão favoráveis como ele supunha. De fato, sua situação básica era muito opressiva. Joyce detestava trabalhos burocráticos, ganhava mal, não era de seu feitio administrar adequadamente seus rendimentos, pois as noitadas com bebedeiras consumiam bastante de sua renda. Em Pola, na escola de inglês, seu patrão, conhecendo o empregado que tinha, pagava-lhe por semana, ou até por

---

3 Soler, C., *Psicanálise na civilização*, Contracapa, Rio de Janeiro, 1999.

dia de trabalho, o que ajudava a evitar a total dissipação financeira. Em Roma, entretanto, seu salário vinha mensalmente, de forma que era gasto em pouquíssimo tempo, deixando a família na penúria a maior parte do mês. Para piorar a situação, Nora engravidou novamente.

Entretanto, situações extremamente difíceis do ponto de vista econômico eram absolutamente rotineiras em qualquer lugar que Joyce estivesse, de forma que temos que procurar em outro ponto a explicação para o rechaço radical da Roma papal por parte de Joyce. Esse rechaço manifestou-se logo após a chegada. Joyce começou a ter terríveis pesadelos toda noite, sonhava com morte, enterro, caixões, assassinato, etc. Sentiu um bloqueio para escrever que não era de seu feitio, posto que sempre escreveu sistematicamente e muito, bloqueio este que duraria todo o tempo que lá permaneceu. A arquitetura da cidade, em vez de entusiasmá-lo, como é de praxe entre os visitantes, pareceu-lhe decadente, mórbida. Comentou em carta que os romanos pareciam viver de mostrar aos turistas o cadáver de sua avó. Custava a aceitar a idéia de que Roma era rica em obras artísticas e concluiu que tudo o que eles fizeram foi ilustrar duas ou três páginas do novo testamento. Sentia verdadeiro asco dos romanos, a quem atribuía a mais extrema vulgaridade e obsessão escatológica, e seus comentários sobre o Papa foram altamente depreciativos.

Podemos identificar neste episódio a manifestação paroxística da relação altamente conflitiva que Joyce entretinha com as convenções, os semblantes, sobretudo com as insígnias paternas, que produziam nele uma forte reação de repúdio, ele que só parecia conhecer os pólos extremos de um pai falido ou um pai opressor inglês ou católico, o que o levava à convicção de que a paternidade não passava de uma ficção legal. Em uma carta a Nora ele diz:

> Minha mente rejeita toda a presente ordem social e o cristianismo – o lar, as virtudes reconhecidas, as classes de vida e as doutrinas religiosas. Meu lar foi simplesmente um caso de classe média arruinada por hábitos perdulários, os quais herdei. Minha mãe foi assassinada lentamente, penso eu, pelos maus-tratos de meu pai,

por anos de problemas e por minha cínica franqueza de conduta. Não posso ingressar na ordem social exceto como vagabundo[4].

Epifanias

A guerra às convenções, que Joyce considerava um traço essencial à alma do artista, tem então importância decisiva em sua obra. Com efeito, o compromisso principal do Joyce escritor é com a criação, e lhe repugnava deveras a idéia de repetir, de permanecer dentro de uma tradição já constituída. Tudo que fazia deveria então, para satisfazê-lo, portar a marca da dificuldade e da inovação. Sua atitude básica consistia em encontrar no ordinário o traço fugidio do extraordinário, buscar no banal o transcendental, e foi daí que nasceram as célebres epifanias, suas primeiras inovações no campo da prosa moderna. Por epifania Joyce entendia a manifestação máxima da realização estética em um breve momento, em um fragmento de texto, uma aparição do divino em pleno cotidiano. Suas epifanias consistiam basicamente em pequenos diálogos que ele colhia em situações corriqueiras e que portavam, segundo seu ponto de vista, o traço do enigma. São trechos de conversas, que em geral se tornam incompreensíveis para quem lê, na medida em que foram retirados de seus contextos. Joyce percebia nestes pequenos textos a manifestação da *claritas*, a terceira das propriedades estéticas de um objeto artístico segundo São Tomás de Aquino, filósofo muito admirado por Joyce. Segundo a concepção estética aquiniana, além da *claritas*, que é a iluminação, o brilho em que se manifesta o essencial do objeto, há a *integritas*, a manifestação de harmonia entre as partes do objeto, e a *quiditas*, a revelação do objeto enquanto unidade separada do mundo, como coisa em si. Joyce encontrava a *claritas* em suas epifanias, essa manifestação de gozo estético em meio a um texto radicalmente sem sentido.

O que surpreende nas epifanias, e que é bem trabalhado no texto de Catherine Millot "Epiphanies"[5], é que, se formos tomar a *claritas* do pon-

---

4 Ellmann, R., *James Joyce*, p. 279.

5 Millot, C., "Epiphanies", in *Joyce avec Lacan*, (vários), Navarin, Paris, 1987.

to de vista da experiência mística, em que justamente é suposta ocorrer uma aparição do divino, costumamos ouvir dos místicos que tal experiência é indizível, inefável, mas, quando estes se põem a falar, nós entendemos o que dizem e apreendemos pelo menos algo acerca do gozo que eles tentam cercar em seus relatos. Já no caso das epifanias joyceanas, de fato não há praticamente nada a entender, há somente fragmentos desconectados, restos metonímicos, ruínas de discurso que nos são apresentadas como enigmas, na medida em que, diferentemente dos místicos, faltam as metáforas orientadoras. Ao longo de sua obra, por outro lado, quando apresentava em seus livros textos de difícil apreensão do sentido, Joyce costumava argumentar que o mais importante era o ritmo e a musicalidade da escritura. Joyce apreciava deveras a música, tendo chegado a pensar seriamente na idéia de ser cantor, projeto que foi abandonado em função do compromisso com a escrita, e ele sempre dizia que sua maior semelhança com o pai era a bela voz que herdara de John Joyce.

Palavras impostas

Mesmo considerando, porém, a importância da prosódia no texto de Joyce, temos que reconhecer que as epifanias – embora satisfaçam os critérios joyceanos da dificuldade de intelecção, bem como de originalidade, posto que ninguém até então ousara apresentar textos tão rarefeitos como sendo *A* nova literatura – testemunham antes um esvaziamento radical da capacidade de articular a experiência. Joyce parecia ter que se haver com esses fragmentos desconectos e sua tarefa diária consistiria então em resgatar algum aspecto discursivo no interior de tais ruínas linguageiras. Ele escreve certo dia para a Srta. Weaver, sua mecenas: "Aqui tem agora um exemplo de meu vazio. Há vários anos não leio uma obra literária. Minha cabeça está cheia de seixos e lixo e fósforos quebrados e cacos de vidro apanhados por toda parte (...)"[6].

Nesse sentido, Lacan vai dizer que a necessidade que Joyce tinha de trabalhar diariamente sobre a linguagem, daquela forma excêntrica e in-

---

6 Ellmann, R., *James Joyce*, p. 758.

tensa que era a sua, diz respeito às palavras impostas que se lhe apresentavam, obrigando-o a um trabalho incansável para restituir a cadeia significante ali onde só havia, como o próprio escritor dizia, cacos de vidro apanhados por toda parte. Nas epifanias, apreendemos uma manifestação que não comporta as três dimensões da experiência humana; trata-se, neste caso, de um enodamento entre Simbólico e Real, o Imaginário ficando de fora, o que faz com que o conjunto nos pareça inconsistente e que falte todo sentido, na medida em que este reside na interseção de Simbólico e Imaginário. As epifanias, portanto, apresentam-se como manifestações importantes para a revelação do nó de Joyce, isto é, sua articulação psíquica.

A manifestação epifânica, enigmática segundo o escritor, parece então remeter ao procedimento de reinserção dos sons na cadeia discursiva, pois é justamente ali onde a fragmentação é máxima, onde a linguagem se dissolve, que o sujeito afirma encontrar o ponto de nascimento da alma, o enigma que irá engendrar novos sentidos; evidentemente, sentidos não convencionais. O enigma, segundo Lacan, é uma enunciação que ainda não encontrou seu enunciado, corresponde portanto à tentativa de parir um sujeito da enunciação, bem como um Outro inteligível, atividade da qual Joyce nunca repousou. Este modo de subjetivação que é explicitado pela operação epifânica vê sua importância acrescida, na medida em que há também outros exemplos nos livros e nas declarações de Joyce que vêm ratificar a hipótese de que temos aí a manifestação de uma estruturação específica.

Uma imagem que cai

Lacan chama a atenção – e tudo indica que é mesmo o ponto principal a que recorre a fim de decidir-se acerca da estrutura psíquica joyceana – à passagem no *Retrato* em que Stephen Dedalus, duplo de Joyce, discute com colegas de escola acerca do grau de excelência de alguns poetas, Stephen recusando-se a endossar a escolha dos colegas – ele que recentemente havia sido acusado por um professor de ser um herege –, insistindo que Byron seria o maior poeta. Contrariados, os colegas o espancam impiedosamente, deixando-o jogado junto a um muro. Stephen volta para casa e, à medida que caminha, sente que uma força desconhecida impede-o de sentir ódio dos agressores. Lacan destaca as metáforas utilizadas – e reconhece nesta estória um episódio ocorrido durante a vida estudantil de Joyce – que dizem respeito a algo como uma casca que cai, a pele de uma fruta que é arrancada, e assim a fúria não pode surgir.

Este episódio, tal como o das epifanias, aponta para um desenlaçamento, uma queda do aro Imaginário, deixando Real e Simbólico entrelaçados, devido a uma falha originária no entrelaçamento. Sabemos que a capacidade de reagir com agressividade uma vez que nossa integridade corporal é atingida diz respeito à constituição do eu, da imagem do corpo, no estádio do espelho, quando uma relação triangular entre dois sujeitos e um objeto de desejo vem fundar a dialética do ciúme primordial, aquela em que o sujeito se diz: "Ou ele ou eu!", também conhecida como a identificação resolutiva do estádio do espelho, aquela responsável pela constituição de uma imagem furada a partir do recalcamento originário como constituição de um lugar terceiro, dando origem a uma imagem de si que não depende mais da presença constante do outro semelhante a fim de assegurar a manutenção do corpo narcísico. Em psicóticos que não alcançaram a construção desta modalidade de imagem do eu, acompanhamos procedimentos supletórios em que o sujeito busca restituir uma situação ternária, através da qual o lugar terceiro é situado, desta forma sendo garantido o funcionamento de um suporte da imagem do corpo.

Este procedimento é esplendidamente ilustrado por meio do romance de Marguerite Duras *O encantamento de Lol V. Stein*, em que Lol é uma moça francamente psicótica, cuja imagem narcísica cai por ocasião de um baile no qual seu noivo, Richardson, abandona-a por uma outra mulher que o mesmo conhece durante o baile e Lol acompanha através do olhar toda esta dinâmica que levou ao fim de seu noivado, sem nada dizer e sem nada obstar ao movimento do casal, sem qualquer manifestação de ciúmes, apenas desmaiando no momento em que eles deixam o salão. Anos depois, Lol retorna a sua cidade natal, onde reencontra sua amiga Tatiana Karl, que tem agora um amante, e é a partir daí que irá se instalar, por iniciativa de Lol, um triângulo amoroso através do qual Lol irá tentar resgatar a imagem de seu eu, fazendo uma suplência à sua psicose. Seu prazer maior, nesta segunda cena, é observar, do lado de fora, pela janela, o casal Tatiana Karl e seu amante em um quarto de hotel, tendo relações. Ela assim se regozija e tudo vai bem até o momento em que o amante de Tatiana se apaixona por Lol e começa a manifestar o desejo de romper com aquela para ficar com a segunda, a qual, por sua vez, rejeita fortemente tal hipótese, insistindo na manutenção por tempo indeterminado do triângulo. Quando enfim a situação a leva a encontrar-se frente a frente com o amante, que a desnuda, sem a presença terceira de Tatiana, Lol novamente surta.

Este romance recebe elogios, da parte de Lacan, dirigidos a Marguerite Duras, a quem ele felicita por apreender, com sua sensibilidade de escritora, aquilo que o psicanalista se esforça para alcançar por meio de penoso e contínuo trabalho de teorização. O que Marguerite Duras apreende, através da relação privilegiada com seu saber inconsciente, é a lógica da psicose, de um tipo de psicose. Lol busca fazer existir o três e com isso restituir sua imagem corporal, o que só é possível por meio da instalação de um lugar terceiro, única forma capaz de fazer existir uma relação possível entre dois. Este caso nos interessa, na medida em que apresenta um tipo de psicose em que falta a imagem do eu, em que o enodamento borromeu se desfez, com a queda do aro Imaginário, o que nos remete de volta ao caso Joyce e sua ira perdida, em um descascamento de sua imagem corporal.

Quando três não conseguem se entender

É interessante observar que as relações ternárias freqüentam com assiduidade os livros joyceanos, tal como apreendemos com Stephen Dedalus no *Ulisses*, a se questionar: "Onde está a terceira pessoa da Santíssima Trindade?"[7]; o mesmo Stephen que levara a surra no *Retrato*. A tentativa de constituição de um lugar terceiro também comparece como constante na obra de Joyce, por meio da problemática paterna, pai que Joyce parecia precisar salvar sempre, mas que sempre fracassava. No *Retrato*, Simon Dedalus comparece em muitas ocasiões, apresentando uma

[7] Joyce, J., *Ulisses*, Civilização Brasileira, São Paulo, 1978, p. 628.

série de semelhanças com John Joyce, mas a conclusão do livro mostra novamente a demissão paterna. O ponto mais ilustrativo neste livro se apresenta no momento em que Stephen e Simon estão visitando a universidade onde Simon teria cursado durante algum tempo o curso de medicina, antes de abandoná-lo. Nesta visita eles encontram as iniciais S.D., compartilhadas por pai e filho, riscadas em uma carteira de uma sala de aula. Stephen fica abalado ao constatar que abaixo das iniciais está escrita a palavra *foetus*, que significa feto em latim, esse mal-estar resultante do veredicto do insucesso, do que ficou de não-nascido, de abortado na história de fracassos do pai e que afeta o filho, que se coloca a tarefa final de ser um criador, por meio da identificação com o artista. Nessa mesma ocasião Stephen se dá conta da ingenuidade tola do pai, que não percebe a hipocrisia do porteiro que parece bajular Simon Dedalus, bem como do ridículo da jactância sustentada pelo mesmo junto a amigos, mesmo diante de tantos fracassos.

A respeito do *Ulisses*, alguns críticos tomam as relações entre Stephen Dedalus e Leopold Bloom – respectivamente o Joyce jovem e o Joyce maduro – como algo da ordem do laço entre pai e filho, Joyce então procurando ser pai de si mesmo. Entretanto, as passagens que se referem ao pai no *Ulisses* apontam sempre para a falência paterna: "Um pai – disse Stephen, batalhando contra a desesperança – é um mal necessário"[8].

> Sabélio, o africano, o sutilíssimo heresiarca entre todas as bestas do campo, sustentou que o Pai era Ele mesmo seu próprio Filho... Bem: se o pai que não tem um filho não é um pai, pode o filho que não tiver um pai ser um filho?[9];
>
> Esse seu Bloom com toda a sua berda merda. E o velho dele que já antes vivia a fazer vigarices, o velho do Matusalém Bloom, o cometa larápio que se envenenou com acido prússico depois de atolar o país com suas bugingangas e seus diamantes de vintém[10];

8 Ibidem, p. 243.

9 Ibidem, p. 243.

10 Ibidem, p. 399.

> Com trêmulas garras vulturinas tateia o rosto silencioso de Bloom. Tu não és o meu filho Leopold, neto de Leopold? Tu não és meu querido filho Leopold que deixou a casa de seus pais e deixou o deus de seus pais Abraão e Jacó? Bloom: (com precaução) Creio que sim, pai. Mosenthal. Isso é tudo que resta dele[11];
>
> Stephen: "– (...) Que é que há num nome? – Sim, com efeito – o senhor Bloom concorreu desafetadamente. – É claro. Nosso nome foi mudado também[12];
>
> Bloom, único herdeiro nato macho transubstancial de Rudolf Virag (subseqüentemente Rudolf Bloom)[13].

Há ainda outros dois exemplos importantes em que se mostra a relação diferenciada que Joyce estabelecia com o registro do Imaginário. Em um deles, destacado por Lacan no seminário, Joyce responde à indagação de um conhecido acerca da moldura de um quadro de sua casa que mostra a cidade de Cork: "Cork. – Não, diz o outro, eu quero saber de que é feita a moldura. – Cork", Joyce insiste, "e me deu bastante trabalho mandar fazê-la[14].

Cork significa cortiça, que era o material que compunha a moldura. Joyce mandara fazer justamente pela homonímia. Esse é um exemplo em que, mais uma vez, a imagem fica de fora e o que governa a situação é a associação entre palavras. Evidentemente, trata-se, neste caso, de algo feito propositalmente por Joyce, mas indica o predomínio daquilo que Freud denominava associação entre representações de palavras, em detrimento das representações de coisa, as imagens, o que tem por efeito produzir um efeito de esvaziamento de sentido. Trata-se então de uma moldura que, ao invés de enquadrar a imagem, ressaltando-a, a expulsa, deixando em seu lugar a pura abstração dos nomes próprios. Em uma outra ocasião, conversando com um pintor amigo seu, Tuohy, que pre-

---

[11] Ibidem, p. 519.

[12] Ibidem, p. 655.

[13] Ibidem, p. 725.

[14] Ellmann, R., p. 438.

tendia pintar o seu quadro, Joyce o interroga: "Você quer pintar a mim ou a meu nome?, tenho uma profundíssima objeção à minha própria imagem"[15].

PARTÍCULAS PULULANTES

Mais uma vez, no lugar da imagem comparece o nome próprio. O *Ulisses*, demonstração máxima do extremo virtuosismo lingüístico joyceano, em que uma enorme pluralidade de estilos é trabalhada com maestria, apresenta entretanto diversas passagens em que o texto parece se aproximar de algo da ordem do sintoma esquizofrênico: grandes parágrafos que se repetem ao longo do livro e em que nomes próprios pululam sem qualquer articulação, ou quando a sonoridade domina amplamente a construção de parágrafos que abandonam a sintaxe. São vários os exemplos ali encontrados, e selecionamos apenas um para dar uma noção do que se trata:

> Ele repousa. Ele há viajado. Com? Sinbad o Mareiro e Tinbad o Tareiro e Jinbad o Jarreiro e Whinbad o Whareiro e Ninbad o Nareiro e Finbad o Fareiro e Binbad o Barreiro e Pinbad o Parreiro e Minbad o Sareiro e Hinbad o Hareiro e Rinbad o Rareiro e Dinbad o Xareiro e Vinbad o Quareiro e Linbad o Yareiro e Xinbad o Phtareiro. Quando? Indo para o leito sombrio havia um quadrado em redor do ovo de alca da rocha de Sinbad o Mareiro na noite do leito de todas as alças das rochas de Sombrindad o Brilhidiazeiro[16].

Em *Finnegans Wake*, Joyce, entre os trocadilhos multilíngües, insere nada menos que quinhentos nomes de rios, ele que comparava o modo de pensar feminino ao fluir, no ritmo das águas de um rio que corre. Outro traço que aparece já no *Ulisses* e que prolifera em *Finnegans Wake* são palavras enormes e sem sentido, como no momento da queda de Finn,

---

15 Ibidem, p. 581.

16 Joyce, J., *Ulisses*, p. 797.

em que surge um termo de cem letras. Millot formula a interessante hipótese de que tal procedimento corresponde à tentativa constante em Joyce de fabricar um Nome-do-Pai, essa matriz inconsciente que fornece um jogo de letras que se repetem em cada manifestação do sujeito, tal como nos mostra Freud no caso do Homem dos Ratos, em que o *Ratten*, muito próximo de um anagrama de Ernst, sendo Ernst Lehrs o verdadeiro nome do paciente, prolifera enquanto nome próprio inconsciente, afetando o sujeito em inumeráveis situações, mostrando o quanto o jogo da letra comanda as produções subjetivas.

Estes diversos indícios acima apresentados levaram Lacan à ousada hipótese de que Joyce teria uma estrutura psicótica não desencadeada, se argumentarmos segundo os parâmetros do ponto de vista teórico anterior ao seminário do *Sinthome*, ou, segundo o novo modo de argumentar, que seu nó subjetivo seria bastante diferente do nó tradicional do neurótico. Tal como nos mostram os excertos acima, teria havido duas falhas na nodulação originária joyceana. Primeiramente, Real e Simbólico estariam enlaçados dois a dois e, em segundo lugar, o Imaginário estaria solto. Estas falhas, evidentemente, seriam tributárias da forclusão do Nome-do-Pai, o operador estrutural essencial da subjetividade.

Um sinthoma que faz cessar de não se escrever

Então, por que Joyce não era de fato psicótico? Por que ele nunca atravessou um surto psicótico? A resposta lacaniana consiste em sustentar que ele teve sucesso ali onde a grande maioria dos psicóticos fracassa, ou seja, conseguiu construir uma suplência capaz de sustentar o entrelaçamento do nó, produzindo com isso uma estrutura subjetiva muito diferente da habitual, todavia suficiente para permitir-lhe viver praticamente como um neurótico, isto é, fazer frente a uma série de experiências simbólicas sem com isso cair, entrar em crise. Essa suplência ao Nome-do-Pai será nomeada como o Ego de Joyce, ou seja, uma construção auxiliar que, como quarto aro, vem amarrar os três registros, restituindo-lhe, embora de uma forma inusitada, uma imagem de corpo, um eu, que a princípio lhe faltara, o que poderia muito bem tê-lo levado a um destino similar ao de Lol V. Stein, assujeitada a uma errância definitiva, na medida em que nenhum significante-mestre viria representá-la perante os outros significantes.

Como operou Joyce para construir tal reamarração? A resposta, Lacan dirá, se encontra em sua arte, em seu domínio da escritura, que Joyce levou às suas últimas conseqüências, ao real da letra. Diante das palavras impostas, todo dia ele trabalhava a língua, exercitando um jogo da letra que quebrava, dissolvia efetivamente a língua inglesa, produzindo uma nova língua, segundo ele necessária para articular o tipo de experiência que lhe interessava. Lacan destaca o quanto Joyce gozava enquanto escrevia e lia os fragmentos de *Finnegans Wake*; ele ria sozinho e passava o dia inteiro nesta atividade, para desespero de Nora, que afirmava ouvir do marido, desde o começo da escritura do livro, no máximo três frases por dia. Se *Finnegans Wake* se apresenta tão ilegível, não só hoje, mas mesmo na época em que se valorizavam extremamente os experimentalismos, isso se deve ao fato de que suas frases não produzem qualquer laço com um sujeito afetado pelo inconsciente.

Houve quem comparasse os trocadilhos joyceanos de *Finnegans Wake* com os chistes freudianos, mas a diferença é explícita. Embora haja ali eventualmente alguns trocadilhos chistosos, a maior parte do texto deixa o leitor absolutamente desnorteado, enquanto os chistes, se produzem um efeito inicial de *non-sense*, só se tornam chistes justamente porque conseguimos recontextualizá-los, tornando-os compreensíveis. Como Freud diz, para entender um chiste é preciso ser da paróquia, enquanto que, em *Finnegans*, torna-se quase impossível ser da paróquia, pois Joyce não esclarece minimamente os contextos aos quais os jogos lingüísticos remetem – embora ele afirmasse que seria capaz de explicá-los um a um –, de forma que o leitor não consegue acompanhar quase nada que seja da ordem de um efeito de sentido. Joyce sustentava que tal modalidade de escritura era necessária uma vez que se tratava de um livro onírico e destacava que o principal em jogo dizia respeito à musicalidade do escrito.

Tudo somado, entretanto, Lacan conclui que Joyce era um desabonado do inconsciente, ou seja, que não se tratava, nesse caso, de formações do inconsciente. Joyce trabalhava diretamente no real da letra e daí extraía seu gozo, de uma forma tal que não fazia laço com um sujeito afetado pelo inconsciente. O neurótico, diz Lacan, faz amor com seu inconsciente, ou seja, é atraído por aquilo que pode lhe revelar algo acerca de seu próprio inconsciente. Nada no texto final de Joyce é capaz disso, e é isso que torna tal escritura tão ilegível para nós, neuróticos. A escritura era, para aquele, o seu sinthoma, isto é, sua forma privilegiada de gozo, de um gozo para além de qualquer demanda ao Outro, um gozo da letra que se exercitava não por meio de uma recusa à não-existência da relação sexual, mas, ao contrário, através de seu reconhecimento, e cuja tarefa era a de bordejar este ponto de impossível, fazendo com isso subsistir a falta, o furo real. Para Joyce, acossado pelas palavras impostas, escrever era uma forma de manter seu equilíbrio psíquico.

Na medida em que sua escrita lhe permitia manter a falta, manter o impossível da relação sexual, não havia então motivo para delirar, na medida em que entendemos que o delírio surge para aplacar o buraco no simbólico e, a fim de evitar a desamarração do nó, paga para tanto o preço de apagar a falta, mantendo o sujeito em pleno desconhecimento narcísico. Evidentemente, se o trabalho de artista de Joyce o sustentava subjetivamente, e Lacan o nomeará como o artífice por excelência, ele que foi aliás considerado pela crítica literária como o maior prosador moderno, foi precisamente este saber-fazer com seu sintoma que lhe permitiu alcançar o estatuto do sinthoma, isto é, alcançar transformar o sintoma em um traço de singularidade, de criação, aquilo que Lacan considera que uma análise pode levar um sujeito a realizar e que corresponde precisamente ao fim de análise. Dessa forma, Lacan o nomeia Joyce-o-Sinthoma.

A nominação também pode vir do Outro social

Reconhecendo que a escritura é uma maneira de fazer litoral ao gozo, isto é, de evitar a invasão do Simbólico pelo gozo do Outro, e que Joyce é *expert* neste procedimento, isso não significa entretanto que o sinthoma baste para um psicótico ter êxito em manter-se além da crise. É preciso mais. Nesse sentido, Lacan dirá que, para além da prática da escritura, o sucesso de Joyce consistiu em, através de seus escritos, fazer-se um nome próprio, alcançar reconhecimento público por meio de sua obra. Como enfatizamos anteriormente, Joyce já se destacava, desde muito novo, na medida em que havia uma espécie de consenso em seu círculo de conhecidos, no sentido de reconhecer seu talento de escritor. Sem dúvida, do ponto de vista público, Joyce foi desde muito cedo abençoado.

Se acompanharmos todavia seu percurso biográfico, constataremos sua enorme preocupação, desde o início da carreira, no sentido de se fazer reconhecer, de tornar o nome Joyce uma marca forte, uma grife. Isso era para ele uma verdadeira obsessão, e toda sua inteligência e sua habilidade eram postas a serviço, engajando todos os seus conhecidos na tarefa de obter resenhas de jornais, fazer *lobby* pela publicação de seus livros, traduzi-los em várias línguas, etc. Ainda muito novo, ao fazer uma viagem, preocupado com a possibilidade de algo de mal lhe acontecer, Joyce solicita ao irmão que, no caso do pior, envie suas epifanias para todas as bibliotecas do mundo. Após a publicação de *Ulisses*, sendo já uma celebridade, explica a um conhecido que a enorme quantidade de enigmas inseridos no livro visava manter os críticos ocupados por trezentos anos, esse era o tempo mínimo que desejava ver seu nome próprio elevado ao mais alto patamar da literatura.

Esse reconhecimento que outorgava ao seu nome, entretanto, Joyce o recusava radicalmente a todos os seus contemporâneos, como Proust, Bernard Shaw, Erza Pound, Hemingway, etc, o que levou alguns de seus próximos à consideração de que Joyce encarnava o egoísmo mais puro possível. Longe entretanto de constituir apenas um desejo narcísico, Lacan considerará essencial para o escritor esse trabalho de fazer-se o nome. Basta-nos lembrar que, embora isso não fosse nem de longe capaz de imobilizá-lo, a má repercussão de *Finnegans Wake* junto à crítica, bem como aos colaboradores mais próximos, levaram-no efetivamente a cair de cama, sobretudo com a desaprovação do livro por parte da Srta. Weaver, sua mecenas.

Retomando os ensinamentos de Lacan no seminário do *Sinthome*, Phillipe Julien argumentará que a passagem ao público consiste no principal procedimento de amarração borromeana para um psicótico. Joyce nunca surtou justamente porque conseguiu fazer-se um nome próprio, conseguiu publicar seus livros e obter reconhecimento. Podemos recordar então nossa argumentação no capítulo três, quando constatamos que a grande crise de Aimée deu-se depois que seus dois romances foram sucessivamente recusados para publicação; foi somente após este fracasso que Aimée fez a sua célebre passagem ao ato, em que esfaqueia a famosa atriz. Após a grande difusão de seu ato na mídia, entretanto, o delírio subitamente caiu de uma só vez, no ano seguinte aliás tendo obtido sucesso em publicar os dois livros, através da ajuda do jovem psiquiatra Lacan. Dessa forma, Joyce, para além da construção bem-sucedida de um sinthoma, teve o seu Ego sustentado por um nome próprio, e isso se pode entender por meio da afirmação lacaniana de que somente a nominação faz furo.

Se o psicótico é um sujeito sempre acossado pela ameaça de recair em uma cena absolutamente cerrada, na esfericidade asfixiante do circuito infernal da demanda materna, sua posição de sujeito só pode então ser mantida por meio de algum tipo de nominação. Sua posição de psicótico, aliás, é decorrente precisamente do fato de que, em sua vida privada, isto é, nos laços familiares, houve fracasso na transmissão do nome próprio. O neurótico, por mais que se queixe de seu anonimato, não tem de fato do que reclamar, posto que houve pai para ele, houve uma função paterna que teve sucesso em transmitir-lhe um nome próprio, capaz portanto de assegurar-lhe, ao mesmo tempo, uma filiação simbólica e um traço singularizante, uma vez que o nome próprio é algo que diz respeito a um sujeito singular. O neurótico, portanto, tem um nome próprio, que se exerce pelo menos na esfera privada, no microcosmo em que circula. Já o psicótico, por sua vez, e Joyce é um paradigma neste caso, nada recebeu do lado paterno, cujo fracasso em lhe transmitir esse operador decisivo para a organização subjetiva deixou-o simplesmente sem arrimo em sua existência, obrigando-o a não apoiar-se senão em si mesmo para não sucumbir.

É diante desta condição que o psicótico irá dedicar-se a constituir, por absoluta necessidade subjetiva, e através de uma passagem ao público, aquilo que em sua vida privada lhe faltou, daí esta problemática tão discutida atualmente, que diz respeito à reinserção social do psicótico, que mesmo fora dos meios psicanalíticos se começa a perceber como fundamental para o equilíbrio psíquico dos sujeitos afetados por esta modalidade de estrutura. O que define a psicose é o fracasso do laço social familiar, e é por isso mesmo que não se trata, nestes casos, de insistir em refazer um laço familiar que não pode mais ser reconstituído. Joyce nos mostra isso na medida em que, apesar de passar a vida inteira escrevendo sobre a Irlanda, não se atrevia a voltar lá, ciente de que o que lá se havia rompido não mais poderia se recuperar. Exemplos desta problemática do nome próprio nas psicoses são abundantes, a de Van Gogh sendo talvez a mais explícita no sentido de mostrar o quanto o não-reconhecimento, o fracasso na passagem ao público pode ser trágico para um sujeito psicótico, levando-o até mesmo ao suicídio diante da impossibilidade de se sustentar subjetivamente.

Através da topologia dos nós Lacan tem sucesso, portanto, em propor uma nova concepção das psicoses e ao mesmo tempo reformular a direção do tratamento dos sujeitos afetados por tal estrutura. Lembremo-nos de que ao longo de todo o seminário III ele havia pensado, como Freud, que o único caminho para estabilizar uma psicose seria o da constituição de um delírio, este como tentativa de autocura, segundo a concepção freudiana. Diante do desencadeamento da cadeia significante e da dissolução imaginária, seria preciso recorrer à metáfora delirante, no intuito de fazer novamente se articularem os significantes, conseqüentemente voltando a se produzir efeitos de sentido, o que se observa nos casos em que a sistematização de um delírio vem novamente permitir ao sujeito atribuir significados a sua experiência, mesmo que estes sejam delirantes.

A novidade embutida na teoria dos nós borromeanos consiste precisamente no fato de que se torna possível vislumbrar uma direção do tratamento das psicoses que privilegie a constituição de uma suplência ao Nome-do-Pai que não passe pelo delírio, mas que ajude o sujeito a construir o seu sinthoma, sua forma singular de gozo, e, através desta atividade sinthomática, fazer sua passagem ao público, em uma escala que lhe seja possível, seja expondo um trabalho de artesanato regularmente em uma feira do bairro, seja obtendo reconhecimento no âmbito de sua comunidade, ou mesmo publicando um livro, etc; de um modo ou de outro é preciso, a fim de ajudar o psicótico a alcançar estabilidade subjetiva, aliar uma atividade sinthomática à constituição de um nome próprio, e assim manter em atividade uma falta que é condição de possibilidade para o exercício da subjetividade.

BIBLIOGRAFIA

Allouch, J.. *Margueritte ou a Aimée de Lacan*. Companhia de Freud, Rio de Janeiro, 1999.

————. *Letra a letra*. Companhia de Freud, Rio de Janeiro, 1988.

Amigo, S.. *Clinica de los fracasos del fantasma*. HomoSapiens, Rosario, Argentina, 1999.

Andrè, S.. *O que quer uma mulher*. Jorge Zahar, Rio de Janeiro, 1987.

Atualitès de la Paranoia, (vários), in Le trymestre analytique. Paris, França, 1996.

Benveniste, É.. *Problemas de lingüística geral*, Perspectiva, São Paulo, 1983.

Bercherie, P.. *Fundamentos da clínica*. Jorge Zahar, Rio de Janeiro, 1996.

Castelo Branco, M.. *Llansol – A letra – Lacan*. Autêntica, Belo Horizonte, Minas Gerais, 2000.

Calligaris, C.. *Clinica diferencial das psicoses*. Artes Médicas, Porto Alegre, Rio Grande do Sul, 1986.

Czermack, M.. *Paixões do objeto*. Artes Médicas, Porto Alegre, Rio Grande do Sul, 1992.

Deleuze, G.. "Em que se pode reconhecer o estruturalismo", in *História da filosofia*. Vol. 8, F. Chatelet, F. (org.). J. Zahar, Rio de Janeiro, 1980.

Duras, M.. *O encantamento de Lol V. Stein*. Iluminuras, São Paulo, 1985.

Ellmann, R.. *James Joyce*. São Paulo, 1982.

El abordaje de las psicosis despues de Lacan (vários). Kliné, Buenos Aires, Argentina, 1994

El Padre en la Clínica Lacaniana (vários). Homo Sapiens, Rosario, Argentina, 1994.

El Padre y el Sinthoma (vários), Caderno da UFBA, Buenos Aires, 1989.

Foucault, M.. *Microfísica do poder*, Brasiliense, São Paulo, 1989.

Freud, S.. "Projeto de uma psicologia para neurólogos", in vol. 1, *Obras completas*. Imago, Rio de Janeiro, 1992.

———. "Cartas a Fliess", in vol. 1, *Obras completas.* Imago, Rio de Janeiro, 1992.

———. "Estudos sobre histeria", in vol. 2, *Obras completas.* Imago, Rio de Janeiro, 1992.

———. "As neuropsicoses de defesa", in vol. 3, *Obras completas.* Imago, Rio de Janeiro, 1992.

———. "Novos comentários sobre as neuropsicoses de defesa", in vol. 3, *Obras completas.* Imago, Rio de Janeiro, 1992.

———. "Interpretação dos sonhos", in vol. 5, *Obras completas.* Imago, Rio de Janeiro, 1992.

———. "Psicopatologia da vida cotidiana", in vol. 7, *Obras completas.* Imago, Rio de Janeiro, 1992.

———. "O homem dos ratos", in vol. 10, *Obras completas.* Imago, Rio de Janeiro, 1992.

———."Leonardo da Vinci e uma lembrança de sua infância", in vol. 11, *Obras completas.* Imago, Rio de Janeiro,1992.

———."O caso Schreber", in vol. 12, *Obras completas.* Imago, Rio de Janeiro, 1992.

———. "A disposição à neurose obsessiva", in vol. 12, *Obras completas.* Imago, Rio de Janeiro,1992.

———. "O recalque", in vol. 14, *Obras completas.* Imago, Rio de Janeiro, 1992.

———. "O inconsciente", in vol. 14, *Obras completas.* Imago, Rio de Janeiro, 1992.

———. "Sobre o narcisismo: uma introdução", in vol. 14, *Obras completas.* Imago, Rio de Janeiro, 1992.

———. "As pulsões e suas vicissitudes", in vol. 14, *Obras completas.* Imago, Rio de Janeiro, 1992.

———. "Luto e melancolia", in vol. 14, *Obras completas.* Imago, Rio de Janeiro, 1992.

———. "Um caso de paranóia que contraria a teoria psicanalítica da doença", in vol. 14, *Obras completas.* Imago, Rio de Janeiro, 1992.

———. "O homem dos lobos", in vol. 17, *Obras completas.* Imago, Rio de Janeiro, 1992.

———. "Além do princípio do prazer", in vol. 18, *Obras completas*. Imago, Rio de Janeiro, 1992.

———. "Alguns mecanismos neuróticos no ciúme, na paranóia e no homossexualismo", in vol. 18, *Obras completas*. Imago, Rio de Janeiro, 1992.

———. "O eu e o isso", in vol. 19, *Obras completas*. Imago, Rio de Janeiro, 1992.

———. "Neurose e psicose", in vol. 19, *Obras completas*. Imago, Rio de Janeiro, 1992.

———. "A perda da realidade e na neurose e na psicose", in vol. 19, *Obras completas*. Imago, Rio de Janeiro, 1992.

———. "Sexualidade feminina", in vol. 21, *Obras completas*. Imago, Rio de Janeiro, 1992.

———. *Sobre as afasias*, tradução de Osmyr Gabbi Jr. (no prelo).

Jakobson, R.. *Lingüística e comunicação*. Civilização Brasileira, São Paulo, 1988.

Joyce, J.. *Dublinenses*. Civilização Brasileira, São Paulo, 1990.

———. *Exilados*. Rés, Lisboa, 1988.

———. *Retrato de um artista quando jovem*. Civilização Brasileira, São Paulo, 1986.

———. *Ulisses*. Civilização Brasileira, São Paulo, 1988.

Joyce avec Lacan (vários). Navarin, Paris, 1987.

Lacan, J.. "Instância da letra no inconsciente", in *Escritos*. Jorge Zahar, Rio de Janeiro, 1997.

———. "Seminário sobre a carta roubada", in *Escritos*. Jorge Zahar, Rio de Janeiro, 1997.

———. Seminário III, *As psicoses*. Jorge Zahar, Rio de Janeiro, 1992.

———. Seminário V, *As formações do inconsciente*, Jorge Zahar, Rio de Janeiro, 1999.

———. Seminário IX, *A identificação*, (inédito).

———. Seminário X, *A angústia*, (inédito).

———. Seminário XI, *Os quatro conceitos fundamentais da psicanálise*. Jorge Zahar, Rio de Janeiro, 1992.

———. Seminário XIV, *A lógica do fantasma*, (inédito).

———. Seminário XVI, *De um Outro ao outro*, (inédito).

————. Seminário XVII, *O avesso da psicanálise*, Rio de Janeiro, 1993.
————. Seminário XVIII, *De um discurso que não seria do semblante*, (inédito).
————. Seminário XIX, *Ou pior*, (inédito).
————. Seminário XX, *Mais, ainda*. Jorge Zahar, Rio de Janeiro, 1987.
————.Seminário XXI, *Les non-dupes errent*, (inédito).
————. Seminário XXII, *R.S.I.*, (inédito).
————. Seminário XXIII, *Le Sinthome* (inédito).
————. Seminário XXIV, *L'Insu qui sait de l'une-bévue c'est l'amour*, (inédito).
————. "L'Étourdit", in *Ornicar 8*, Paris, 1974.
————. *Televisão*. Jorge Zahar, Rio de Janeiro, 1992.
————. *Da psicose paranóica em suas relações com a personalidade*, Forense Universitária, Rio de Janeiro, 1986.
Lefort, R.. *Les structures de la Psychose*. Seuil, Paris, França, 1988.
Littoral, "Identité Psychotique", Erès, Paris, França, 1986.
Miller, J.-A.. "A sutura", in *Matemas I*. Jorge Zahar, Rio de Janeiro, 1993.
Nietzsche. F.. "Sobre a verdade e a mentira em um sentido extra-moral", in Nietzsche, F., col. Os pensadores, Abril, São Paulo, 1985.
Panaroma de Finnegans Wake (vários). Perspectiva, São Paulo, 1984.
Pommier, G.. "*Louis de la Nada*, Amorrortu, Buenos Aires, Argentina, 1999.
Porge, E.. *Os Nomes do Pai em Jacques Lacan*. Companhia de Freud, Rio de Janeiro, 1998.
Quinet, A.. *Teoria e clínica da psicose*. Forense Universitária, Rio de Janeiro, 1997.
Rabinovich, D.. *A angústia e o desejo do Outro*. Homo Sapiens, Buenos Aires, Argentina, 1998.
Rabinovich, N.. *O Nome-do-Pai*. Homo Sapiens, Buenos Aires, Argentina, 1999.
Recamier, F.. *Transtornos da semântica*, (mimeo).
Retratura de Joyce (vários). Revinter, Rio de Janeiro, 1993.
Saussure, F.. *Curso de lingüística geral*. Civilização Brasileira, São Paulo, 1981.

Schreber, D. P.. *Memórias de um doente dos nervos.* Graal, Rio de Janeiro, 1985.

SimanKe, R.. *A teoria freudiana das psicoses.* Editora 34, São Paulo, 1995.

Soler, C.. *Psicanálise e civilização.* Contracapa, Rio de Janeiro, 2000.

Van Gogh, V.. *Cartas a Theo.* Brasiliense, São Paulo, 1987.

Wittgenstein, L.. *Investigações filosóficas.* Abril, São Paulo, 1989.

————. *Caderno azul.* Edições 70, Lisboa, Portugal, 1985.

————. *Caderno marron.* Edições 70, Lisboa, Portugal, 1986.

————. *Anotações sobre as cores.* Edições 70, Lisboa, Portugal, 1984.

Wolfson, L.. *Le Schyzophréne et les langues.* Seuil, Paris, França, 1988.

OBRAS PUBLICADAS

Psicanálise e Tempo
Erik Porge

Psicanálise e Análise do Discurso
Nina Leite

Letra a Letra
Jean Allouch

Mal-Estar na Procriação
Marie-Magdeleine Chatel

Marguerite ou "A Aimée" de Lacan
Jean Allouch

Revista Internacional nº 1
A Clínica Lacaniana

A Criança na Clínica Psicanalítica
Angela Vorcaro

A Feminilidade Velada
Philippe Julien

O Discurso Melancólico
Marie-Claude Lambotte

A Etificação da Psicanálise
Jean Allouch

Roubo de Idéias?
Erik Porge

Os Nomes do Pai em Jacques Lacan
Erik Porge

Revista Internacional nº 2
A Histeria

Anorexia mental, ascese, mística
Éric Bidaud

Hitler – A Tirania e a Psicanálise
Jean-Gérard Bursztein

Littoral
A Criança e o Psicanalista

O Amor ao Avesso
Gérard Pommier

Paixões do Ser
Sandra Dias

A Ficção do Si Mesmo
Ana Maria Medeiros da Costa

As Construções do Universal
Monique David-Ménard

Littoral
Luto de Criança

Trata-se uma Criança – Tomos I e II
Congresso Internacional de Psicanálise e suas Conexões – Vários

O Adolescente e o Psicanalista
Jean-Jacques Rassial

— Alô, Lacan?
— É claro que não.
Jean Allouch

A Crise de Adolescência
Octave Mannoni e outros

O Adolescente na Psicanálise
Raymond Cahn

A Morte e o Imaginário na Adolescência
Silvia Tubert

Invocações
Alain Didier-Weill

Um Percurso em Psicanálise com Lacan
Taciana de Melo Mafra

A Fantasia da Eleição Divina
Sergio Becker

Lacan e o Espelho Sofiânico de Boehme
Dany-Robert Dufour

O Adolescente e a Modernidade – Tomos I, II e III
Congresso Internacional de Psicanálise e suas Conexões – Vários

A Hora do Chá na Casa dos Pendlebury
Alain Didier-Weill

W. R. Bion – Novas Leituras
Arnaldo Chuster

Crianças na Psicanálise
Angela Vorcaro

O Sorriso da Gioconda
Catherine Mathelin

As Psicoses
Philippe Julien

O Olhar e a Voz
Paul-Laurent Assoun

Um Jeito de Poeta
Luís Mauro Caetano da Rosa

Estética da Melancolia
Marie-Claude Lambotte

O Desejo do Psicanalista
Diana S. Rabinovich

Os Mistérios da Trindade
Dany-Robert Dufour

A Equação do Sonhos
Gisèle Chaboudez

Abandonarás teu Pai e tua Mãe
Philippe Julien

A Estrutura na Obra Lacaniana
Taciana de Melo Mafra

Crianças na Psicanálise
Angela Vorcaro

Elissa Rhaís
Paul Tabet

Ciúmes
Denise Lachaud

Trilhamentos do Feminino
Jerzuí Tomaz

Gostar de Mulheres
Autores diversos

Os Errantes da Carne
Jean-Pierre Winter

As Intervenções do Analista
Isidoro Vegh

Adolescência e Psicose
Edson Saggese

O Sujeito em Estado Limite
Jean-Jacques Rassial

O que Acontece no Ato Analítico?
Roberto Harari

A Clínica da Identificação
Clara Cruglak

Os Discursos e a Cura
Isidoro Vegh

impresso nas oficinas
da Imprinta Gráfica e Editora Ltda.,
à Rua João Romariz, 285 - Rio de Janeiro.